エベレスト
登頂請負い業

村口徳行
Noriyuki Muraguchi

山と溪谷社

雪煙のチョモランマ、チベット側のベースキャンプから

エベレストへの道

アイスフォール、クライマーは渡邉玉枝さん

夜明けのベースキャンプ、2004年5月19日、エベレストへ向かう朝

C2から望む南西壁の威容

雪煙の上がるエベレスト、
ローツェ頂上より

クーンブの山々、エベレスト8700㍍付近から望む。中央はアマ・ダブラム

世界4位の高峰、ローツェ 8516㍍、エベレスト8600㍍付近より

ヒラリー・ステップから、中央は世界5位の高峰マカルー 8463メートルを望む

エベレスト南東稜上部、南峰8750メートルから頂上を望む。2002年5月16日撮影

「第3章　野口健の場合」01年、清掃登山隊の安全祈願

「第2章　三浦洋一の場合」チョモランマベースキャンプで三浦さん（左から3人目）

「第5章　三浦雄一郎の場合」ベースキャンプで

「第4章　渡邉玉枝の場合」02年5月16日、頂上の渡邉さん

「第7章　三浦雄一郎二度目の場合」08年5月26日、頂上で三浦さん（右）と私

「第6章　村口徳行の場合」2004年5月24日、頂上で

エベレスト
登頂請負い業

エベレスト登頂請負い業——目次

第一章 女神の山へ——初めてのエベレスト 7

第二章 三浦洋一の場合——「チョモランマの渚」 31

第三章 野口 健の場合——七大陸最高峰登頂最年少記録への挑戦 59

第四章 渡邉玉枝の場合——女性最高齢の登頂 87

第五章　三浦雄一郎の場合――世界最高齢七十歳の登頂　119
第六章　村口徳行の場合――二つの八〇〇〇メートル峰の登頂　151
第七章　三浦雄一郎　二度目の場合――七十五歳の登頂　197
第八章　あなたの場合――ネパール側とチベット側　221
あとがき　252

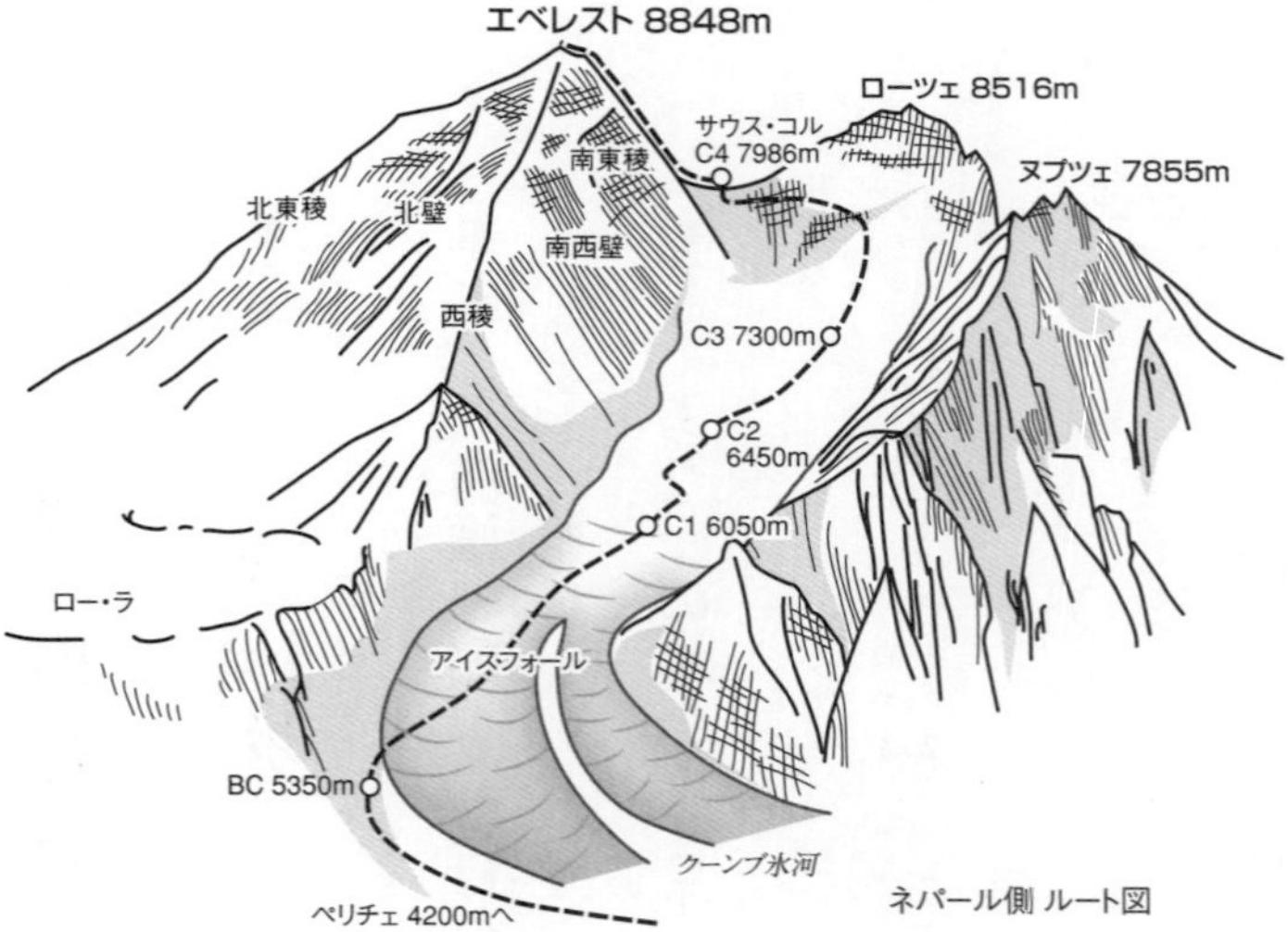
エベレスト 8848m
ローツェ 8516m
ヌプツェ 7855m
サウス・コル
C4 7986m
南東稜
北東稜
北壁
南西壁
西稜
C3 7300m
C2
6450m
C1 6050m
ロー・ラ
アイスフォール
BC 5350m
クーンブ氷河
ペリチェ 4200mへ
ネパール側 ルート図

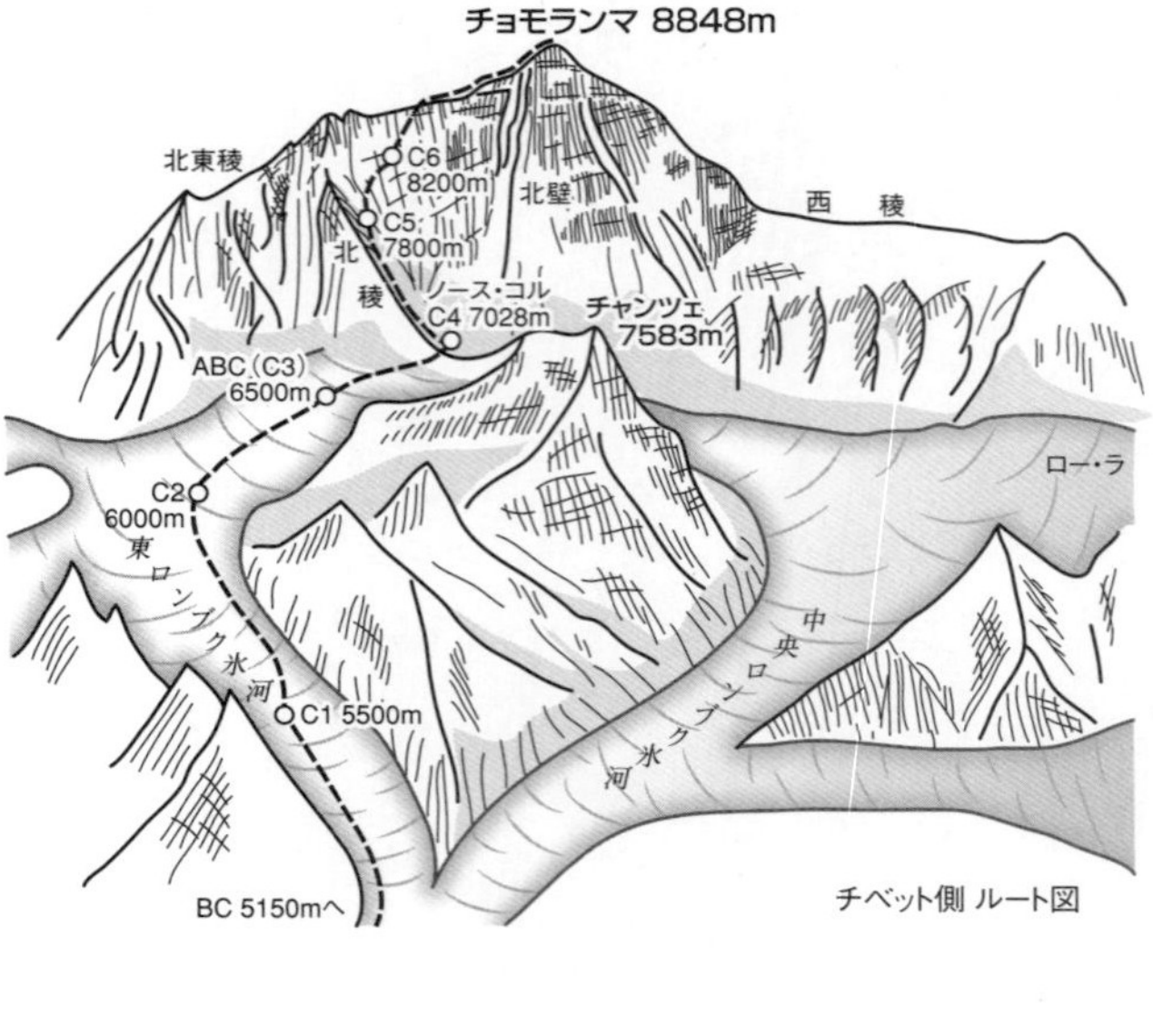
チョモランマ 8848m
北東稜
C6
8200m
C5
7800m
北壁
西 稜
北
稜
ノース・コル
C4 7028m
チャンツェ
7583m
ABC（C3）
6500m
ロー・ラ
C2
6000m
東ロンブク氷河
中央ロンブク氷河
C1 5500m
BC 5150mへ
チベット側 ルート図

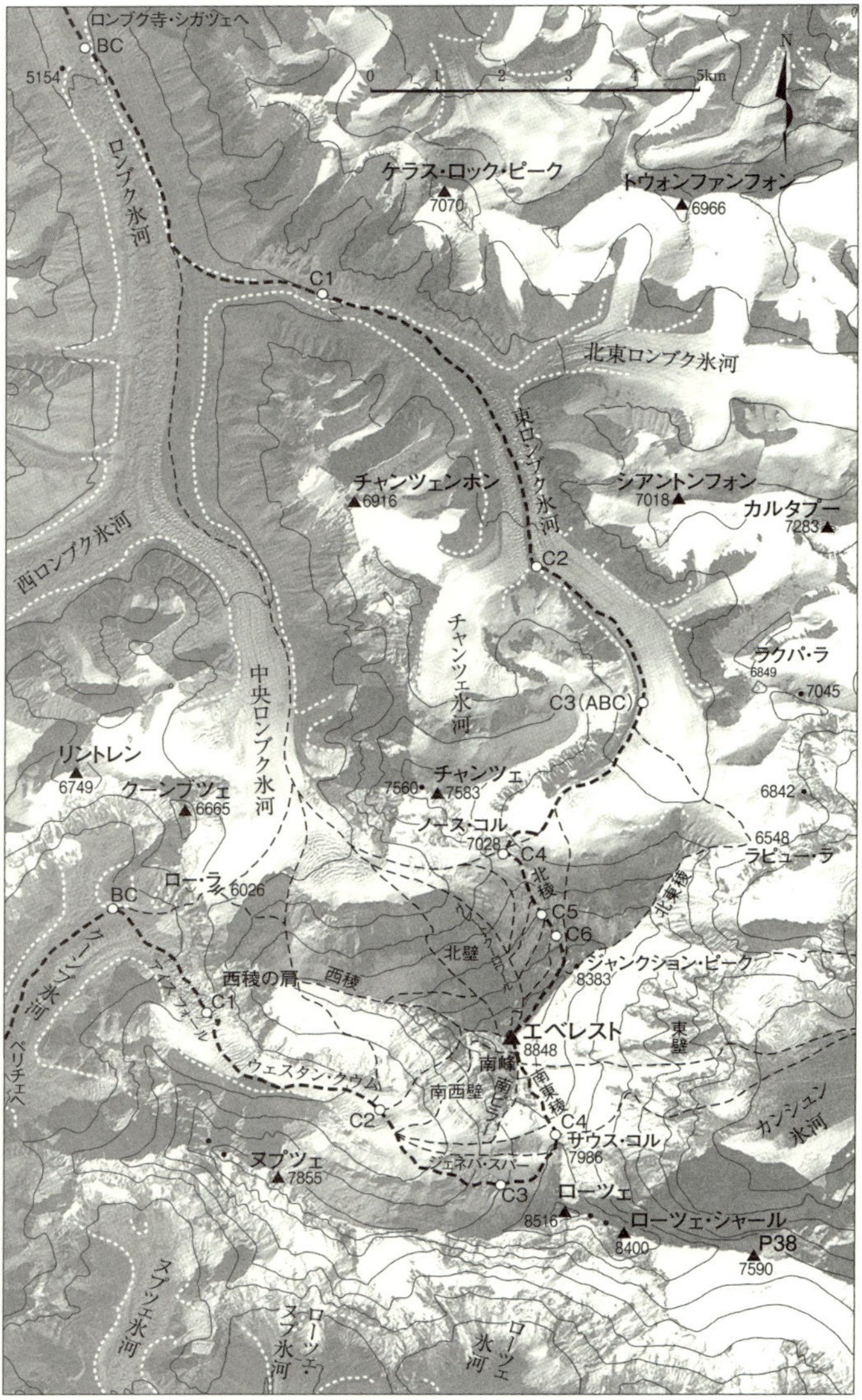
ロンブク寺・シガツェへ
BC
5154
0 1 2 3 4 5km
N
ロンブク氷河
ケラス・ロック・ピーク
7070
トウォンファンフォン
6966
C1
北東ロンブク氷河
東ロンブク氷河
チャンツェンホン
6916
シアントンフォン
7018
カルタプー
7283
西ロンブク氷河
C2
チャンツェ氷河
ラクパ・ラ
6849
7045
C3（ABC）
中央ロンブク氷河
リントレン
6749
チャンツェ
7560
7583
クーンブツェ
6665
6842
ノース・コル
7028
C4
6548
ラピュー・ラ
ロー・ラ
6026
BC
北稜
C5
C6
北東稜
北壁
ジャンクション・ピーク
8383
西稜の肩
西稜
クーンブ氷河
アイスフォール
C1
エベレスト
8848
東壁
南峰
南西壁
南東稜
ウェスタン・クウム
C2
C4
サウス・コル
7986
カンシュン氷河
ペリチェへ
ジェネバ・スパー
ヌプツェ
7855
C3
ローツェ
8516
ローツェ・シャール
8400
P38
7590
ヌプツェ氷河
ローツェ・ヌプ氷河
ローツェ氷河

装幀・本文デザイン――小泉　弘
カバー・口絵写真――著者
図表制作――株式会社千秋社

第一章

女神の山へ——初めてのエベレスト

チョモランマ西稜登山隊一九八七年

世界最高峰エベレスト。チベットの人々は遥か昔からこの山をチョモランマと呼んだ。八八四八メートル、「母なる女神」の意味という。

エベレストには現在たくさんのルートがひかれている。チベット側ではノース・コルからたどる北東稜、ネパール側ではサウス・コルからの南東稜がノーマル・ルートとされている。バリエーション・ルートでは南西壁、北壁、東壁、西稜など、それぞれの特徴をもったルートから登頂が企てられている。

最近の傾向では、このような難しいルートからの試みは極端に少なく、ほとんどの隊がノーマル・ルートに集中しているのが現状だ。今やエベレストは大衆化に向かい、多くの人々が登頂できる時代になった。世界一というわかりやすい標高が多くの人を惹きつけ、人生に目的を与え、なんとか努力することで叶う最高の目標としてエベレストがとらえられるようになった。

しかし、エベレストに残された未踏のルートからの試みや、難しい登攀を要求されるクライミングは、ごく限られたクライマーたちの究極の課題として厳然として残されているのだ。

一九八七年、防衛大学校山岳会チョモランマ峰登山隊はポストモンスーンと呼ばれる短い秋、西稜からの登頂を目指した。頂上に向かって真っ直ぐに延びるその尾根は、エベレストを構成する稜線のなかで最も美しいラインをもつ魅力的なルートだった。

僕はその取材に加わっていた。この取材は、日本テレビが翌一九八八年に三国合同のチョモランマ生中継を計画していたため、それを盛り上げる意味もあって、急遽、同行取材が決定したものだ。

登山隊は三十一人のメンバーで構成された大部隊だった。秋のシーズンではかつて西稜からいくつかの登山隊が挑んでいたが、未だ成功した隊はなかった。取材にあたるのはヴィジュアルフォークロアの北村皆雄さん、チーフカメラマンの明石太郎さん、エンジニアの井納吉一くん、それに僕を加えた四人のメンバー。僕は登山隊に同行して、主に高所の撮影を担当した。

登攀活動

登山隊はネパール、カトマンズからヒマラヤを越えてベースキャンプへ入る南方隊と、中国・北京からラサを経由してベースキャンプへ向かう北方隊とに分かれた。取材班もそれに合わせて分散した。

七月十五日、僕は大量の撮影機材や登山装備、食料などを抱えて北方隊とともに日本を出発した。日本から別送したほとんどの物資は、北方隊が輸送を担当した。南方隊はシェルパたちとともに、カトマンズから陸路で国境を越え、八月四日、ベースキャンプに集結した。

ベースキャンプが設営されると、さっそくヤクによる輸送が開始された。十五日には前進基地ABCが五九五〇メートルに設営された。しかし、西稜に取り付いてからの登攀活動は遅々として、なかなか思うようにルートが延びていかなかった。二十九日には六四〇〇メートルにC3が設営された。低温、強風によって凍傷の隊員が続出し、最前線で動ける隊員数は限られていった。悪天候によるルート工作の遅れや、登攀隊長の事故により上部への展開が困難になっていた。

九月十四日、C3が雪崩で流された。また最初からのやり直しだった。それから二週間、二十九日に国境の稜線、西稜の肩（七三〇〇メートル）にC4が設営された。

チョモランマは低温に見舞われ、すさまじい地吹雪が続いた。十月三日、七六〇〇メートル地点にC5が設営され、八〇〇〇メートル近くまでルートが延ばされた。しかし、ヒマラヤ上空には強風が吹き荒れ、上部で行動していた隊員全員が退却した。天候は完全に崩れ、ABCのテントは雪に埋もれた。天候の回復を待つためベースキャンプへ全員下りることになった。

十月十二日、最終ステージの様子を撮影するために、ABCからC3に移動をしているときのことだ。僕と井納くんは、相変わらずの重い荷物を背負って西稜の肩への急斜面を登っていた。

同行していたシェルパが上部を指し、突然、騒ぎ始めた。上を見上げてみると、何か奇妙なものが動いている。シェルパたちは興奮して鹿とか豚とか、わけのわからないことを話しはじめた。僕はあわてて、ＡＢＣ（五九五〇メートル）の北村さんに無線を入れ、なんだかよくわからない動くものの撮影を依頼をした。

ＡＢＣにいた明石カメラマンが九〇〇ミリの望遠レンズを着けてカメラを覗き、その氷上を動く一匹の動物がユキヒョウであることを確認した。登攀中の僕たちがすでに姿を消してしまったその場所まで登ると、そこには直径一〇センチほどの爪あとが残されていた。カメラを回しながらネパール側に向かって点々と続いている足跡を追ってみたが、見渡す広い斜面には、もうすでにその動物の姿をどこにも見つけることができなかった。高度計はそこが標高六六〇〇メートルであることを示した。それは動物の生態からすれば驚くべき高度だったのだ。その二日後、荷上げ中のシェルパ数名が六三五〇メートル付近の高度で再びユキヒョウを発見した。なぜ、あそこにユキヒョウがいたのか。不思議な光景を思い浮かべながら、僕たちは翌日Ｃ４に上がった。

風雪の下降路

十月に入り、ヒマラヤ上空の亜熱帯ジェット気流がますます強まってきていた。登山隊はＣ６

予定地（八一〇〇メートル）までルート工作を完了させ、最終ステージを迎えていた。風は相変わらず強く、隊員を苦しめていた。十月八日に一回目のアタックを予定していたが、悪天候に阻まれ、十月十五日を二回目のアタック日として計画が組まれた。しかし、十月十七日の夕刻から降り続いた雪は行動計画を大きく狂わせ、ひどい風によって瞬く間にテントを深く埋めた。C４は昼夜を問わず除雪を余儀なくされ、悪天候は上部にいる隊員の生活を脅かした。チョモランマは徐々に嵐に包まれていった。撮影隊はアタックの模様を撮影するためにC４に滞在し、登山隊の動きを見守っていた。

風雪がひどくなり、十月十九日、天候の回復が見込めないと判断した登山隊は、C４に滞在している六名をC２に下降させることを決定した。

十時三十分、視界一〇メートル、荒れ狂う横殴りの雪のなかを隊員たちが下降を開始した。その模様を撮影し、重い機材を背負って彼らのあとを追った。下降するにつれてますます天候は悪化した。風と雪が激しく、眼を開けていられない。稜線と空の区別がつかず、ほとんど失われた視界のなかでは、フィックスロープだけが頼りだった。トラバースから縦方向に下降するあたりでロープは深い雪に埋まり、僕たちは下降に手間取っていた。

このままトラバースするのか、あるいは下降していいものか、いままで手繰ってきたロープは一体どこに消えてしまったのか。風と雪は一向におさまる気配もなく、この状況ではロープを掘り起こすことが安全に下降する一番いい方法だった。僕たちは西稜六二〇〇メートル付近で気の遠くなるような作業を続けていた。

切れ間なく続く風と、絶え間なく落ちてくる雪に、やがて僕は少々恐怖を感じるようになっていた。いつまでもここで雪を掘っていたら雪崩にやられると思ったからだ。長い高所生活で消耗していたし、長い時間ピッケルを振っていたために体力も失っていた。突然、井納くんが僕の作業を止めた。

「よお、村口、オレの鼻くっついてるか?」

「どうした!」

井納くんは雪を掘っている間に、ピッケルで鼻の上を傷つけていた。

「……大丈夫だ。気のせいだ!」

治療する余裕もなく、最優先はロープを掘り起こすことだった。僕たちはほとほと雪掘り作業に参っていた。しかし、こうも突然ロープが消えるものなのか——。あらゆる推測をし、可能性のある場所はすでに深く掘っていたはずだった。いつまでもここでこうしていても埒があかないことは明らかだった。

僕はゴーグルをぶん投げた。着けていてもいなくても視界がないことに変わりはなかった。雪眼になることが気になったが、曇ったゴーグルはうっとうしかった。

あまり気分がすすまなかったが、そこから懸垂下降をしてみることにした。下手をするとまた同じ位置に登り返さなければならないことが十分考えられたからだ。そうすることは絶望的に体力の消耗とムダな時間を意味していた。途中C3を通過するとき、あまりにひどい天候だったので、必要のないフィックスロープをナイフで切ってザックにくくりつけていた。荷物が重かったから嫌だったが、最悪を想定して持ってきていたのだ。

これを使うとなると、最悪の状態ということなのか。ループを巻いて風雪のなかに思いっきりロープを投げ、懸垂下降を試みた。数メートルも下りると足元から雪崩が発生した。「やばいなあ」と思いながらも左へ大きく振ってみると、ありがたいことに微かにロープが確認された。ようやくその場から脱出ができたのだ。

「下りろー!」

僕は大声で叫んだ。風で声が飛ばされて届かない。何度か合図を送り、井納くんが下りてきた。一刻も早くこの場から下りないと暗くなってしまう。僕たちはロープをたどり、急いで下降を繰り返した。埋まって使えないロープは無視して、慎重に下降することにした。急斜面はピッケルとバイルを打ち込み、アイゼンの先端歯をきかせて後ろ向きに一歩一歩下りていった。こんなところで落ちたらたまったものではない。数百メートル滑落することになる。だから落ちるわけにはいかなかった。

僕たちは技術的には自信を持っていたし、そう簡単に落ちるようなクライマーでもなかった。ところがいきなり落ちた。ありがたいことに一〇メートルほど滑落してなんとか止まった。一瞬、何が起こったのか理由がわからなかった。落ちた原因はけり込んだ足元のすぐ下が空洞になっていたからだった。たいしてピッケルもバイルもきいていなかったせいで、いきなり転落した感じだった。僕は下降してくる井納くんに大声で叫んだ。

「気をつけろー！　そこは空洞になってるゾー！」

「わかったー！」

わかったはずだった井納くんが、なぜか僕と同じように落ちてきた。

「だからおまえ、気をつけろって言っただろ！」

「気をつけたんだが、落ちたみたいだな……」

こんなところでふざけている場合ではなかった。ようやく西稜の取付点まで下降したときには、もうとっくに暗闇に包まれていた。迎えに来てくれたシェルパたちと合流し、広い雪原を方向すらも判然としない吹雪のなか、ＡＢＣを目指した。たどり着いたのは二十一時三十分だった。顔の周りは氷がガチガチに凍りつき、部分的に凍傷にやられていた。生きた心地のしない長い一日が終わり、僕たちはテントのなかに転がり込んだ。

僕には、Ｃ４でネパール側に低く黒い雲を見たとき、天候が荒れることを予測できていた。前年秋の遠征、ヒマルチュリ（七八九三メートル）でやはり同じような低く黒い雲を見ていたからだ。その後、天候がひどく荒れて、高所キャンプはことごとく潰され、登攀活動がストップしたことをはっきりと覚えていた。しかし、これほど悪くなるとは思いもよらないことだった。ヘタをすれば遭難だ。ほとんどそれに近い状態だった。登山隊はこの日、二十二時をもって登山活動を終了するという無線が流れた。

十月中旬、ベンガル湾に発生したサイクロンの影響で天候は不安定となり、十八日夜半から二十日早朝まで、チョモランマは記録的な風雪に見舞われた。すさまじい吹雪と、六十年振りという大雪が登山続行の夢を砕いた。女神は微笑んではくれなかった。日本を発って九十六日目、十月十九日、防大山岳会隊は八一〇〇メートル地点を最後に登山活動を終了した。

初めて訪れた世界最高峰チョモランマ。圧倒的な自然を前に人間の力ではどうしようもできないことを垣間見た瞬間だった。登山隊の登頂は残念ながら叶わなかったが、気持ちよい隊員たちと生活をともにできたことがよい記憶として残った。

三国友好登山隊一九八八年

翌年二月、再び僕はチベット高原の風景を眺めていた。

中国・日本・ネパール チョモランマ／サガルマタ友好登山隊一九八八。この登山隊は、日本、中国、ネパールの三国が合同登山隊を組織し、協力し合うことで友好の促進を図り、共通の登山目的を果たしていこうということを基に計画されたものだった。

計画によれば、南面ネパール側と北面中国側からそれぞれ同時に登頂し、国境を越えて反対側に交差縦走することを目的としていた。その模様を、通信衛星を使って同時生中継し、世界最高峰から臨場感ある映像をお茶の間に伝えようとする世界初の試みが、日本テレビ放送網によって企画された。

登山隊には重廣恒夫さんや山田昇さんをはじめとする日本を代表するクライマーたちが集結していた。テレビ隊は岩下莞爾さんを隊長として中国側には三十三人、ネパール側に六人という大部隊で構成されていた。衛星生中継は技術的、地形上の理由から中国側を基地として多くのメンバーが配置された。頂上アタッカーとして、テレビ隊登攀隊長の中村進さん、中村省爾さん、三枝照雄くんという一流のクライマーが予定されていた。報道には読売新聞がついた。

僕と井納くんは北側の技術陣に混じって一作業員として働いていた。このイベントに参加するに当たっては、昨年秋の西稜から戻ってまだ十分な体の回復ができていない状態が少し不安だったが、本人の意志とは無関係にすでに計画に組み込まれていた。僕は高所での撮影を、井納くんはノース・コル基地の担当だった。

二月二十二日、中国側本隊、テレビ隊、報道隊を合わせ五十一人が日本を出発した。北京からラサに入り、荷物を満載した四十台のトラックとともにチョモランマのベースキャンプを目指した。三月三日、五一五四メートルのベースキャンプに上がった僕は、トラックから降ろされる大量の荷物やキャンプ設営の様子を撮影した。ところが、動き過ぎが原因だったのか酸欠症状を起こし、手がしびれてその場にヘタリ込んでしまっていた。昨年、嫌というほど順応した効果は、それほど残っていないものだと感じた瞬間だった。

数日して、何もなかった氷河の末端に総勢二百五十人を超える一大テント村が出現した。僕と井納くんは昨年の経験から、ロー・ラ基地の設営をまかされ、シェルパ数名と中央ロンブク氷河に向かった。何度も往復したルートだったから気分は楽だった。昨年のＡＢＣと近い位置にキャンプを張り、そこから雪原を抜けてロー・ラ（六〇〇〇メートル）までロープを張れば僕たちの作業は完了する。

十七日、チョモランマ一帯には猛烈な風が吹き始めていた。準備を整え、テントを数歩離れたとたんに井納くんがヒドンクレバスを踏み抜いた。あわてた僕は、胸までもぐった彼を助けに向かったとたんクレバスに片足を突っ込み、氷の角にしたたか胸部を打ちつけた。

「だから来るなって言っただろう！」

相変わらず昨年に引き続き落ちていたのだった。まだ早い春の風は冷たく、視界も悪く、二日かかってロー・ラまでの工作を終了した。

何事もなかった振りをしてベースキャンプに戻った僕は、あまりの胸の痛みに耐えかねてドクターに診てもらうことにした。どうやら肋骨がやられているようだった。うつ伏せになってからでないと起き上がれない不便な状態が、しばらくの間続くことになった。少し休みたかったが、世の中そう甘くはなかった。ノース・コル（七〇二八メートル）に早く上がれという指示がきた。一日休養をとって、今度は東ロンブク氷河に向かった。僕が中央ロンブク氷河でルート工作しているころ、一九八四年にカンチェンジュンガで一緒だった智片健二くんが、すでに撮影で上部に上がっていた。彼は優秀なクライマーだから高所に上がれる能力を十分持っているのだが、日本テレビの社員ということで、なにやら規定があるらしく七〇〇〇メートル以上に上がってはいけないとの話を聞いた。そのころ彼はノース・コル設営のシーンを撮影していたようで、したがって、社外スタッフの僕が急いで上に向かう必要があったのだ。無線からは「早く上がれ」と言ってくるが、雑音でよく聞き取れないことをいいことに適当に休養をとった。

「冗談じゃないよな……」

僕たちは文句の言える立場ではなかったので、こういう休養のとり方しかいい方法を思いつかなかったのだ。まだ季節の早いチョモランマでは風が強く、ＡＢＣはテントが壊れたりして、生活環境がよくなるまでには時間が必要だった。

電波発信テスト

この登山は、五月五日のこどもの日を登頂日として最初から計画が組まれていた。すべてのタクティクスはその日から逆算され、緻密な計算によって成り立っていた。こんな複雑なタクティクスには関わりたくないものだ。しかも五月五日という日は、予定ではなく、決定された登頂日という恐るべき事情を抱えていた。テレビは事前に番組枠があって、生中継の時間がきちんと決められているという事情があった。登山隊がそれに合わせなければならない理由は、テレビが大きなスポンサーだったからだ。こういう登山は僕の感覚には合わなかった。これはひとつのイベントと考えるべきだった。

生中継は本番の前後にそれぞれのポジションでスタンバイする必要があったが、この段階ではＶＴＲ収録で多くの登山活動を記録する必要があった。僕は荷上げ風景などを撮影するために三脚を低く据えて構えてみたが、風で体ごともっていかれるほどの強風が吹き荒れていた。おかげでおもしろい絵は撮れたが、そのなかを荷上げに向かわなければならない隊員たちは、連日、消耗を強いられる行動が続いていた。これも、五月五日という至上命令がなせるわざだった。

四月七日、僕はノース・コルに上がった。隊員の荷上げシーンや、パラボラアンテナの設置、ノース・コル基地の設営模様などの撮影に追われた。

七〇〇〇メートルという中途半端な高度は、初期の段階ではまったく眠れず、睡眠不足に陥った。おまけに、どういうわけか、上がってきた食料には片寄りがあって、僕たちのテントにはインスタントラーメンばかりが配給された。朝も昼も夜もラーメンを食べつづけたおかげで、たまに眠れた日は、出前一丁の岡持ち小僧が夢に出てくるありさまだった。これほど恵まれた大きな登山隊で、どうしてこういうことが起きるのかよくわからなかった。

Ｃ５（七九〇〇メートル）への荷上げはきつかった。七五〇〇メートルあたりからは、絶え間なく北壁側から吹く強い風に消耗した。七八〇〇メートルあたりから低酸素の影響で何度も休みながら、どこにテントが張られているのか目標もつかめぬまま、視界のない殺伐とした岩稜を一人荷上げしなければならなかった。

四月十三日、C5に上がった僕は、翌日、C6に向かっていた。五月五日の本番で使う中継用超小型カメラの発信テストをするためだった。C6まで上がるつもりでスタートしたが、強風と低温のために足の指先は感覚を失い、電波発信テストどころではないと判断してC5に引き返した。テントのなかで指の感覚を戻し、再び装備を身に着け、超小型カメラと発信機をザックに詰めて外に出た。C5付近でベースキャンプとコンタクトをとりながら発信テストを繰り返した。風が強く視界も悪かったせいもあって、寒いばかりでちっともおもしろい作業ではなかった。発信テストの結果は良好だった。あとは本番に備えるだけだった。

このステージでの僕の作業は完了した。ノース・コルのメンバーは休養をとるため四月十七日、ベースキャンプに一旦下降した。

ベースキャンプは中国製の大テントに六人で生活した。プライベートはどこにもなかった。僕はそういった集団生活ができないわけではなかったが、決して好きではなかった。一人の時間を大切にしたいタイプの人間だから、シュラフに入ってファスナーを閉めると、ようやく自分の世界に戻れたようでホッとした。休養は体を休めるだけでなく、むしろ僕には精神的な解放のほうが重要だった。しかし、そんな贅沢を言えるような立場ではなかった。作業員は黙ってプログラムに従い、与えられた作業を淡々とこなすことが要求された。そうしないことには、こうした大きなプロジェクトは進んでいかないのだった。

食事は中国人が作ることになっていた。僕たちは時間がくると、洗面器のようなボールを持って食堂テントの前に一列に並び、配給を待った。その光景はさながらどこかの収容所にいるみたいだった。それでも中国の食事がうまければ文句も言わないが、これが相当まずいときていた。中国は四〇〇〇年もかけてこんなものしか作れないのか、といった批判があちこちから聞こえてきた。生活環境はそれほどよいとはいえなかったが、酸素が濃いことはありがたいことだったし、ベースキャンプの高度は、もはや休養のとれる環境のよい場所と考えるべきだった。睡眠がとれることがなによりの回復につながった。

六日間休養をとり、僕たちはベースキャンプを離れ、四月二十九日、再びノース・コルに戻った。いよいよ最終ステージ。生中継本番の準備に入る。それぞれのスタッフが担当の場所に着き本番を待った。

アタック隊は四月三十日にＡＢＣをスタートしてノース・コルへ。五月二日にはＣ６（八二〇〇メートル）に入った。三日ルート工作、四日最終キャンプ（八六五〇メートル）、そして五月五日登頂といったスケジュールだ。

僕は超望遠レンズで登頂の模様を撮影するためにスタンバイした。このころになると、毎日細かいスケジュールで生中継が入り始めた。ノース・コルからは、登山活動を指揮する重廣さんのテントを毎日伺うことが日課となった。テレビ班は、中継技術の佐藤幸一郎さん、エンジニアの井納くん、頂上サポート兼レポーター役の大西宏くん、それにカメラの僕を合わせた四名が待機した。

五月一日頂上アタッカーたちを見送り、僕たちは相変わらず眠れない夜を過ごしていた。五月三日、四日と天候は悪いにもかかわらずアタック隊はルートを延ばし、計画どおり五月五日、日本隊員の山田昇さん、中国隊員ツェリン・ドルジ、ネパール隊員アン・ハクパの三名が頂上に到達した。たいしたものだった。予定どおり五月五日にチョモランマの登頂が成功したのである。遅れて出発したテレビ隊の到着を待つことなく、三名はネパール側に下降し、世界最高峰で初めて交差縦走を成功させた。

約二時間遅れて、三国のサポートメンバーが登頂し、続いてテレビ隊員三名が頂上を踏んだ。中村さんのカメラは地球の最高峰からお茶の間に向けて素晴らしい映像を発信し、世紀の生中継を成功させた。それは世界が感動した瞬間だった。テレビ陣にとっては、この一瞬が最も緊張するときだった。この日のためにみんながんばってきたわけだから、頂上からの映像が流れたときは誰もが喜び、その成功を祝福した。世界最高峰からのテレビ生中継は、日本のテレビ技術を世界に提示したひとつのエポックとなった。

これほどの複雑なタクティクスを組み立て、正確な判断をしてルートを延ばしていった一流の登山家たち、頂上からの生中継を成功させたテレビ隊、部品の一部として組み込まれた取材だったが、僕はたくさんのものを感じ取っていた。重廣恒夫さんの信じられないようなタクティクス、中村進さんが作り上げたテレビ隊の緻密なタクティクス。五月五日が登頂日と最初から決められた極めて異例なエクスペディションだったが、実現されるまでには相当の時間をかけて、綿密に練り上げられたタクティクスが必要だったのである。奇跡的としか言いようがない五月五日の登頂と頂上からの生中継は、こうして成し遂げられたのだ。いやもしかしたら、この計画を組み上げた時点で成功が見えていたのかもしれない。それほどの見事なタクティクスだったのだ。

突然の終了

登山活動は、予定していた二次隊以降の登頂を見ることなく突然終了した。登頂態勢がこれほど整っていながら二次隊が出なかった理由は、中国側から一方的な中止命令が告げられたからだった。中国側の申し入れによれば、第一次の登頂、縦走が成功し、目的がすべて達成されたので登山活動を終了させたい、とのことだった。交渉により一旦は登山活動を続行することになったが、翌日になって再びその話は白紙に戻った。日本側から北京総指揮部への再三の交渉は叶うことなく、五月七日、登山の再開を見ることなく三国友好登山は終了した。

なんという終わり方だ。信じられないような終結だった。僕は登山隊員ではなかったが、呆れ驚き、あまりのバカバカしさに、なんだかこのイベントが急速に色あせていくのを感じていた。登頂を目前にしていた隊員や、苦労をともにした仲間たちはさぞかし悔しい思いをしたに違いなかった。登頂の可能性がある限り、上を目指すのが登山というスポーツだ。つまらない国の事情や考え方によって登頂を断念させられた登山隊は、悲劇としかいいようがなかった。それは登山という行為において、精神的なひとつの後退を意味していた。中国は、まだクライミングに対する成熟度がそれほど高まってはいなかったのだ。僕は仕事で来ていたから、その結末をダイレクトに感じたわけではなかったが、同じ山を登る者として、なんとも後味の悪い、つまらない結果だった。

僕と大西くんは、最後の荷下げをするためにノース・コルに向かう途中で雪崩に遭った。取付から少し登った地点で、いきなり目の前が真っ白に膨らみ、僕たちはあわてて走って逃げた。近くにいたシェルパが巻き込まれ、ケガをした。登山活動は終了したが、自然の厳しさは何も変わりはしなかった。わずかな一瞬のズレで、僕たちは雪崩に巻き込まれずにその場から逃れていた。

重い機材を背負って僕はＡＢＣをあとにした。一人で東ロンブクの長い氷河を歩くことは気持ちのよいことだった。距離は長かったが、いろいろなことを考えながら歩くことは楽しかった。日本に帰ってからのこと、次の山登りのことなど、楽しい想像はいくらでも浮かんでくる。この遠征が終わってしまうのは寂しいことだったが、仕事は無事に成功して気分も軽かった。

幾重にも重なる氷塔の間を抜けて、モレーンにつけられた一本の細い道を、ベースキャンプに向かって下りていく。なんとも解放感を感じる時間が流れていた。

Ｃ2からＣ1に向かう中間のあたりで、東ロンブク氷河は大きく西に向きを変え、それまでの尾根上のルートから谷合いの道へと景色を変えていく。

遠くで大きな岩がゆっくり動き出した。まるでスローモーションを見ているような気分だった。

「あんなでかい岩を食らったら、たまったもんじゃないな」

大きく弧を描き、やがて凄まじい勢いで転がりはじめた巨岩は、それまでの稜線伝いから方向を変え、重力に従って僕の右手のほうに落ちてくるものと予測し、その動きを目で追った。ところが、信じられないような予想外の事態が起こった。さらに急激に向きを変えた巨岩は、火花を散らしてまっすぐ僕に向かってきた。視界は高速回転する岩に覆われた。三階建てのビルが猛烈な勢いで転がってくるようなものだった。こいつはたまったものではなかった。

僕はとっさに一歩横に飛んで逃げた。巨大なエネルギーの塊が空気を切り裂き、風圧でその場にひっくり返った。全身から力が抜け、しばらく立ち上がることができなかった。こんなことがあるんだなと思った。後ろを振り返ると、ヤクが身動きとれずに立ちつくしている姿が眼に入った。チベット人が驚いている様子だった。前を歩いていた佐藤さんが「よく大丈夫だったな!」とあわてて引き返して僕に声をかけてくれた。ちっとも大丈夫ではなかった。膝はガクガクと震え、しばらくまともに歩くこともできなかった。

僕が、女神の山チョモランマとまったく波長が合っていないことは確かだった。恐怖の一面を目の当たりにしてそう思わざるを得なかった。チョモランマの女神は新参者に対して再び強烈なパンチを見舞わせてくれたのだ。恐怖の程度においても、女神の山はやはり世界最高峰だったのだ。

一九八七年、一九八八年と続けて関わった、この二つのエクスペディションは、忘れることのできない体験として深く記憶に刻まれた。西稜で感じた圧倒的な自然の猛威、人間の力ではどうすることもできない驚異。友好登山隊で学んだ緻密なタクティクスと成功に結びつけた屈強な登山家たち。僕はとても貴重な時間を過ごさせてもらったのだ。

ベースキャンプのすべての撤収が完了し、つぎつぎと積み込まれた荷物とともに隊員たちはチョモランマを離れていった。一番最後尾を担当した僕と智片くんは、トラックに揺られていた。すでに夜が訪れ、暗闇を走るトラックはいきなり大きく傾き、その場に急停車した。僕たちは頭をぶつけ、車の中で転げまわった。たんこぶを作った程度でとりあえず全員無事だった。どうやらドライバーが早朝からの作業にくたびれて、居眠りしてしまったらしかった。おかげで田舎道を走っていたトラックは小さな水路にはまり、そこから脱出できなくなっていた。

積んでいたのは燃料だった。トラックをそこから出すには、荷台を軽くする必要があった。一缶二〇〇キロあるすべてのドラム缶を下ろす作業を、真っ暗闇のなかで、たった三人でやらなければならなかった。

途方に暮れていても事態が解決するわけではなく、僕たちは無言で、全身の力を振り絞る作業を懸命に続けた。そうしている間に、いつの間にか暗闇からチベット人が何人か集まってきて作業を手伝ってくれていた。涙が出るほど嬉しかった。彼らこそが救いの神だったのだ。

世界最高峰チョモランマ。そこには確かに神が存在していた。僕は何度もほんの一瞬のタイミングで向こう側とすれ違い、再び人の住む世界へと戻ることができた。

防衛大学校山岳会チョモランマ峰登山隊

隊　長　　川上隆

隊　員　　31名（撮影隊４名含む）

日　程　　1987年７月～10月

概　要　　チョモランマ西稜8100mを最高到達点として、10月19日に登頂を断念した。この登山隊の記録は「チョモランマ大紀行――防大登山隊同行記」として日本テレビで放映された。

中国・日本・ネパール チョモランマ／サガルマタ友好登山隊 1988

CHINA-JAPAN-NEPAL FRIENDSHIP EXPEDITION TO QOMOLANGMA / SAGARMATHA 1988

総隊長　　今西壽雄

隊　長　　橋本清（北側）、湯浅道男（南側）

隊　員　　南北各国15名ずつ　三国総数254人

日　程　　1988年３月～５月

概　要　　南北両側からの同時登頂と交差縦走、エベレスト頂上からの生中継が行なわれた。日本人はテレビ隊と合わせて５名が頂上に立った。５月５日に予定どおり登頂、生中継に成功した。

第二章

三浦洋一の場合——「チョモランマの渚」

八〇〇〇メートルの海へ

「古代の海、テーチスが隆起によって誕生したヒマラヤ山脈とチベット高原の地質調査を日中合同で行ない、その生成の謎を解明し世界最高所の海の痕跡を調査する……」特に今回は、世界最高峰のチョモランマの頂上直下に位置する「イエローバンド」（八三〇〇〜八六〇〇メートル）へ高所考察隊を派遣し、イエローバンド層とチョモランマ層で、世界最高所にある海の痕跡の地質調査を行なう。考察は地質調査、化石採取、分析などの科学考察の他に民俗学的なアプローチからの映像記録も行なう。

僕の古いファイルの中からそんな計画書が出てきた。それは遠い海への記憶を訪ねる旅だった。

一九九七年秋、ビジュアルフォークロアの北村皆雄さんからエベレスト撮影の話をいただいた。遠い昔、エベレストは海の底だったという。その痕跡をイエローバンドまで登って、化石を探し出すことで実証しようという番組だった。

イエローバンドというのは、チョモランマの頂上直下、八三〇〇メートルから八六〇〇メートルぐらいにかけて帯状に連なる黄色い岩層帯のことをいう。この取材は、テレビ朝日「ネイチャリング・スペシャル」四十周年記念企画として、五億年前の海の痕跡を求めて地球最高所の海へ登るというドキュメンタリー番組の仕事だった。

この撮影の話を聞いたときは、もちろん興味はあったが、いつもの「なんとかなるだろう」という感覚がなかなか伴ってこなかった。不確実な要素が多すぎるのだ。「ほんとにできるのかよ」という感じが先に立つ。問題は天候だった。八五〇〇メートルを超すイエローバンドで、どれほどの取材ができるというのか。あまりのんびり探し物をするような場所じゃないという感覚が強かった。それ以前に、そこまで到達できるのかという根本的な問題がある。運悪く天候の安定しない年にぶつかれば、イエローバンドに行き着くまでに相当苦労する。普通の場所とは少しわけが違っていた。

「化石を探すの？　イエローバンドで？」

天候によっては高所での活動がまったく考えられないし、行動を大きく制約される。その場合どうするのか。ごまかす方法はあるのか。「いやー、行けませんでした……」というわけにもいかないだろう。この仕事はイエローバンドに行けて当然、天候が悪いとか体調がすぐれないとか、そんなものは理由にならない。そういう理解の仕方が必要だった。なぜなら、番組の大きなテーマが〝イエローバンド〟だった。

無理するなと言われても、無理をしてでも登らないことには、話が進んでいかないことぐらい簡単に想像できた。「リスク、高いんだよなー」僕にはそう思えてならなかった。成功の確率を高めるために考えられる限りの方法を検討してみたが、なにぶん自分で考え出した計画ではないので、それを引き受けるというのは、けっこう複雑な心境だった。

登山隊は三名、撮影と登攀全般を担当する僕、高所撮影でいつも組んできたビデオエンジニアの井納吉一くん、地質に詳しい現役バリバリのクライマー澤田実くんが決定した。

十月に入ってカトマンズに一通のファックスを流した。とにかくこの仕事は優秀なシェルパが必要だった。何度もヒマラヤで一緒だった、ナワン・ヨンデン氏にサーダーをお願いすることにした。とにかくサーダーをつかまえないことには話が進んでいかない。

もう一人、撮影には優秀なアシスタントが必要だった。アン・カミ・ツェリンというシェルパをどうしても連れて行きたかった。そのほか、クライミング・シェルパには、一九九五年の日大北東稜隊で一緒だったロールワリンのシェルパをヨンデン氏にリクエストした。

しばらくして、ヨンデン氏から承諾の連絡が入った。これで現場でのクライミングに関する問題はほぼ解決されたと思ってよかった。

中国側に提出する書類を作成するために、まだ考えが固まっていない状態で総重量や、リクエストするテントや資材、ガソリン、ケロシンなどの燃料、取材用の車の確保など、リスト作りが必要だった。同時に酸素や装備類の発注や細かい検討作業に追われた。

今回はクライミングのことだけを考えればいいというわけではなく、全体の取材班の複雑な動きを理解して食料や装備の数量を決定していかなければならないので、そうした作業に時間がかかった。取材というのはムダな時間をいっさい省いてスケジュールを組むから、例えばクライミングチームが順応行動をしている間、撮影班は山麓の村で人々の生活を撮影したり、動物を撮っていたりする。当然、僕たちのスケジュールに合わせてベースキャンプに戻ってくるわけで、複雑な出入りが事前に組み込まれるのだ。制作側とのすり合わせで全体のスケジュールが出来上がっていく。

番組の重要なリポーターとして俳優の三浦洋一さんが決定した。世界中の海に潜って二十年、スキューバ・ダイビングのエキスパートだった。なんでも番組のタイトルに「渚」がつくというだけで選ばれたらしいと、軽いジョークで語る優しい俳優さんだ。学術考察にはヒマラヤ地質学の第一人者、酒井治孝さんが加わることになった。

日本人十二人、中国人四人、ネパール人十一人、「日中連合珠穆朗瑪峰総合科学考察隊」という名称の地質調査隊が編成された。

世界最高峰チョモランマへ

三月十一日、澤田くんと僕は先行して日本を後にした。たとえインド亜大陸が急速に移動してヒマラヤが突然さらに高く隆起したとしても、イエローバンドまではたどり着いて化石を探してこなければならない、という信じられないような使命を担った二人だった。

チベット側での登山活動は、ネパール側で事前に順応しておくことが体調管理上手っ取り早い方法だ。一度カトマンズに戻って休養がとれるといった利点がある。そうした理由から、カトマンズに着いてすぐエージェントで打ち合わせをし、翌日から別々に順応に向かった。

「五〇〇〇メートルラインまでの体を作って、三月二十六日までには必ずカトマンズに戻るように」

一緒に行動しない理由は、一人のほうが気楽だから。僕はルクラからゴーキョで、澤田くんはジョムソンからトロン・パスで数日かけて高度に慣れ、カトマンズに戻った。

いよいよ本格的な準備が始まる。買出し、パッキングなどシェルパたちとの分担作業で一日があっという間に過ぎていく。

三月二十九日、北村さんをはじめとする本隊がカトマンズに到着した。リポーターの三浦洋一さん、学術考察の酒井さんたちが加わり、カトマンズでの撮影や空撮などのスケジュールが組まれた。スケジュールでは、四月一日に国境を越える予定だったが、どういうわけか中国側からビザが発行されず、カトマンズで足止めをくらった。そういう日は酒井先生の講義が待っていた。

インド亜大陸とユーラシア大陸が北緯十度近くで衝突をはじめたのは始新世のことで、それ以降約五〇〇〇万年にわたって続いた衝突の結果、両大陸の地殻は水平距離で二五〇〇キロ以上短縮し、対流圏上部に達するヒマラヤ山脈を誕生させた。インド亜大陸の浮揚性沈み込みの位置、すなわちプレート境界は二度南側にジャンプし、その間にヒマラヤ造山運動にまつわるさまざまなテクトニックイベントが発生した。そして今なお衝突は続いている……。

僕はまずヒマラヤ山脈に記憶された、そのわけのわからない「テクトニックイベントと環境変動」について勉強しなければならなかった。

「ところで、どうしてイエローバンドは黄色いのですか」

そのくらいの質問が精一杯だった。もちろん、ヒマラヤがどうしてできたのかはある程度知ってはいたが、専門的な知識はまるでなかった。化石の話は何度聞いても、なかなか実感を伴って理解できなかった。

一九七五年中国チョモランマ峰登山隊に同行した科学調査隊の報告によれば、八三〇〇メートルに露出する石灰質石英質千枚岩は、最大五パーセントのウミユリの破片を含んでいる。また、八六〇一メートルから八八四八メートルに分布するチョモランマ層と呼ばれる箇所にも、ウミユリ骨片五〜一〇パーセントを含む部分がある、と記載されている事実を信じるしかないのだ。

カトマンズは雨、予定していた空撮も好天に恵まれず延期になった。国境の街、ザンムーとニエラムの間が雪で不通との情報が入った。六日遅れの四月五日、大量の荷物を積んだトラックとマイクロバスは、朝にはまだ早い午前三時ちょうど、カトマンズを後にした。

ネパールと中国にかかる国境の友誼橋を渡るとそこはザンムー。足止めをくらった多くの登山隊がそこで滞在している光景に出くわした。なんでも一〇キロあたり先からニエラムの約五キロ手前まで不通という情報を得た。着いてすぐ、僕と澤田くんとヨンデン氏はその状況を偵察に行くことにした。沢筋のところに大きなデブリが数カ所、相当量の雪でしばらく車が通れそうにないと思われた。僕はブルドーザーのおじさんに聞いてみた。といっても中国語はできないから筆談だ。

「何日必要開通?」

「十日左右」

これはダメだ。一体いつ開通するかは、中国側の工事のおじさんがどれだけがんばるかにかかっている。のんきそうな顔からは、すぐに本気で除雪作業を始めるとは思えなかった。車での輸送を放棄し、ポーターを使って荷物を移動した方が得策だった。ヨンデン氏と打ち合わせをし、翌日五十人、翌々日百三十人のポーターを使ってすべての荷物をニエラムに移動した。焦ったのはほかの隊だ。こういう状況は早い判断が必要だ。道路なんていつ開通するかわからないのだ。僕たちはけっこう愉快だった。

四月十一日、荷物を満載したトラック二台とともに、ロンブク氷河の末端に到着した。標高五二〇〇メートル、登山活動の拠点となるベースキャンプを設営する。登山隊員は三人だが、周辺取材などの日本人メンバー、中国側スタッフ、ネパール人シェルパなどを合わせると、最大三十人近くの人間が、一時期生活をすることになる重要な場所だ。少しでも生活環境をよくして、十分な休養をとれるための工夫が大切だった。とは言っても風の強い、寒気の厳しい場所だけに大したことはできない。悪い環境で長期にわたって人と生活をともにするときに気をつけることは、できる限りプライベートを守ってあげるという点だった。体が疲れてくれば、どんな人間でも我がままになってくる。なるべくストレスを翌日に抱えないためには、個人用のプライベート・

テントが有効だ。自分だけの空間は、どんなに小さくても最高に居心地のよい住処となる。リフレッシュして明日は元気に出発することができるベースキャンプならば、大概の場合うまくいく。

ここからは、シェルパたちの力に頼るところが大きい。サーダーのナワン・ヨンデン氏は見かけは小柄でデブのただのおじさんだが、実は冬季エベレストのサミッターであり、高所経験の豊富な、優秀なシェルパだ。上部でのルート工作や荷上げ管理などを任せ、われわれは自分の体調と撮影のことだけを考えて高所順応に努める。順応のプログラムは簡単だった。ベースキャンプからＡＢＣ（六四〇〇メートル）への長い道も、過去、何度も往復していたから気楽な感覚だった。

四月十六日から十九日にかけて最初のＡＢＣの往復。続いて二十二日から二十七日までＡＢＣからノース・コルを二回往復。そして五月一日から五日にわたり、七五〇〇メートルまで到達したところで行動をやめて、ベースキャンプに下降した。これで高所順応は十分だった。

僕たちが順応行動でベースキャンプとＡＢＣを行ったり来たりしている間に、ＡＢＣで指揮するナワンのもと、六人のクライミング・シェルパがＣ５までの荷上げを完了させた。

四日間休養してアタックに出る予定を組んでいたが、天候が悪くベースキャンプで待機することになった。日本気象協会の協力で、ヒマラヤ上空の気象データがＫＤＤインマルサットミニＭを通して送られてくる。インターネットで取り寄せたデータと合わせて、井納くんが天気の予測をする。イエローバンドで化石調査をする澤田くんと僕は休養するだけだ。機材の管理や余計な作業は、黙っていても井納くんが引き受けてくれる。結局、ベースキャンプには八日間も滞在した。ようやく天候が安定してきたようだった。

一方、三浦さんたちはチベット高原の化石調査、チベットに住む人々の生活などを取材し訪ね歩いた。人間は五〇〇〇メートルを超えては定住できないといわれている。子孫を残していけるぎりぎりの高さだ。チョモランマの麓、ザロンプ村、もはや農作物も採れない海抜四八〇〇メートルの高地に四十三世帯、二九二人が暮らしている。

〈この過酷な自然の中で生きるためには、人は無駄なものをそぎ落とさなければならないのだろう。馬を友としヤクとともに荷役に使い、ヤクからバターをもらい、その糞を燃料にして暖をとる。ヒマラヤから雪解け水を飲み、畑に水を引いて食料を得る。家畜の囲いにしろ、灌漑用水の堤防にしろ全て石積みである。トイレすらない。人は死ねばその肉体を鳥に捧げてしまう。全てに無駄が無いのだ。しかし一見単純で無味乾燥に見える生活のなかで、彼等が見せる充実した精悍な横顔は一体どこから来るのか。学校にも行っていない子供たちの真っ直ぐなまなざしは誰が教えたのだろう。全て自然の中で練り上げられたと考えるのは、穿ちすぎだろうか〉（三浦洋一著『チョモランマの渚』ＫＳＳ出版刊）

周辺取材を終えてベースキャンプに上がり、次は人の住めない世界に入り込む。数千年の時間をかけてチョモランマから流れ下ってきた長大な氷河。三浦さんは中央ロンブク氷河をたどり、慣れない高度に苦しみながらも一歩一歩チョモランマに近づいていった。酸素飽和度六九～七〇、あまりよくない数値だ。顔色も悪く、これ以上無理すると危険との判断で、三浦さんにドクターストップが言い渡されたのは、五四五〇メートルの地点だった。

「登山経験がまったくない僕が、チョモランマの頂に登れるとは最初から思っていませんでした。行けるところまでは行ってみたいと思っていました。まあ、自分が想像していたよりずっと早くにへバってしまいましたけど……」

氷河の取材を終えて、三浦さんのチョモランマへの思いは登山隊に委ねられた。

三浦「くれぐれも安全第一でお願いします。できたらイエローバンドとチョモランマ層から、あるいは頂上から化石をお願いします」

澤田「わかりました。このハンマーでイエローバンドとチョモランマの石をたたいてきます」

三浦「気をつけて」

澤田「じゃあ、行ってきます」

三浦さんは澤田くんに自分の思いを託して、ベースキャンプを出発する登山隊を見送った。

「僕が思いを託した澤田くん、彼らの目的はチョモランマの頂上直下、イエローバンドと呼ばれる地層、もしくはその上部に広がるチョモランマ層から太古の海の痕跡を見つけ出すことです。チョモランマの北の稜線に沿って設営してきた六つのキャンプを使い、一気に太古の海にたどり着こうというのです」

五月十四日、三浦洋一さん、酒井先生をはじめとする撮影スタッフに見送られて、いよいよ「地球最高所の海」に向けてベースキャンプをあとにした。

イエローバンドに海の記憶はあるか

「C5がぶっ壊れたってよ」

「うちのが……?」

「うちのだけが壊れてないって。ほかの隊のはみんな壊れたらしいよ」

しばらく悪天候が続いていたが、ABCに着くとさっそくそういった情報がとび込んできた。

C4(ノース・コル)のキャンプも多くのテントがつぶされたようだ。

「十八日の登頂は、天候があまりよくありません。C4からダイレクトC6、OKですか?」

いつもくだらないジョークを言っているナワン・ヨンデン氏が真面目な顔で僕に聞く。C4からC6へ行けってか？　標高差は一二〇〇メートル。行けないことはないが、イエローバンドの取材を考えると少し無理があるため、普通のスタイルで行くことにする。天候があまりよくないため、上がるのを一日遅らせることにして、翌日は休養をとることにした。

五月十六日、ABCを出発し、C4、ノース・コル（七〇二八メートル）に移動する。

ここまではベータカムで撮影してきたが、ここから先は重くてでかいカメラは不便だ。小型カメラに取り替え、ベータカムはノース・コルから望遠レンズを使って井納くんが撮影する。

翌日は、一番いやなC4からC5への登高だ。通常七五〇〇メートルあたりから風が強くなり、消耗を強いられる場所だ。酸素は使ったところで別に誰にも文句を言われる筋合いはないが、クライマーとしてのプライドがこんなところにも現われる。不便なものだ。

ポツンと張られたC5（七九〇〇メートル）のテントの中にアイゼンをはずして転がり込んだ。頭痛をかかえながら水を作り、お茶を飲んで失われた水分を補給する。しばらく休んでいると、夕日がわれわれのテントを包んだ。風のない穏やかな時間が流れた。ネパール側は厚い雲海に覆われていた。

「なんか空と地球と宇宙って感じだな」

澤田くんがポツリと漏らした。チョー・オユーに落ちる夕日を眺めて、しばらく僕たちはその静かな時間を楽しんだ。

五月十八日、ここからは酸素の力を借りてC6（八二〇〇メートル）へ移動する。昨日のノース・コルからC5までの長い距離を酸素なしで登ることに比べれば、高度は上がってもはるかに楽な登高だ。

C6予定地に着いてからが、この日の仕事だった。ここまでの行動はおまけのようなものだ。通常の登山なら、最終キャンプとなるここでは、深夜のスタートをひかえてゆっくりと休まなければならない場所だ。計画を組むときに一日フルでイエローバンドを調査しようと考えたが、八〇〇〇メートルを超えて長く滞在することはあまり気分が乗らなかった。消耗を避けるためC6での滞在を一日とした。そのようなわけで滞在を短縮した分、長い行動が加わった。

余計な荷物をデポして、休む間もなくイエローバンドへ向かう。テントの残骸を抜け、黙って上部へ歩き続けると、広大なイエローバンドの壁が間近に迫ってくる。三浦さんの夢を担い、僕たちはその黄色い帯を目指した。

「イエローバンドの大きな壁、露頭に来ました」

澤田くんはベースキャンプに無線を入れた。四億八〇〇〇万年前の海、テーチス。そこはウミユリがそよぎ、三葉虫が遊ぶ豊穰の海だった。イエローバンドにたどり着いた澤田くんは、丁寧に化石を探しはじめた。その様子を僕は記録する。

どのくらいの時間が経っただろうか。それらしき化石は探し出すことができなかった。

「わからないよー！」

澤田くんはベースキャンプの酒井先生に連絡を入れる。

酒井「ウミユリの破片があると思います。ゆっくり調べてみてください」

澤田くんは化石を求めてさらに上へ上へと移動していった。ルートからはずれて岩壁に顔を密着させ、岩石を見つめている彼の姿はどうみても異常だ。イエローバンドは石灰岩が風化して黄色くなったという。登山者にとっては、体力を消耗するだけの登りにくい場所のことだった。

澤田「明らかに化石だというものは発見できません」

酒井「ウミユリはあると思いますので、丹念に探してみてください」

澤田「えー、もう少し探してみます」

酒井「私に羽があれば飛んでいくとこですけど」

思うようにはいかないものだ。二人でさんざん探したが、海の痕跡は確認できなかった。こんな場所にいつまでもウロウロしているわけにもいかず、引き返すことにした。
澤田「うー、わからん！　地質を勉強したものとしては情けないのですが、見つけられないんですよ」
酒井「あまり無理をしないでください。イエローバンドのほうが変成度が高いですから、化石を見つけるのは大変だと思います。明日のチョモランマ層に期待してますので、今日はエネルギーを温存して、明日に備えてください」
澤田「悔しいのですが、下ります。明日は見つけたいと思います」
　C6に戻れば、熱いお茶が待っている。今日は三人のシェルパがC4からダイレクトにC6に入っているはずだ。酸素も使わずに驚異的な強さの連中だ。ところがC6で待っていたものは、熱いお茶ではなくて冷たいスコップだった。凍りついた硬い斜面を無理やり削ってスペースを作る。シェルパたちはまさにその作業の真っ最中で、この高度での土方作業はこたえる。ようやく二張のテントを設営し、風で飛ばされないようにロープで固定してなかに転がり込んだ。テントの半分は空中に飛び出た状態だった。すでに四時をまわり、数時間後にはまた荷物を背負ってこのテントを出なければならない。さっき帰ってきたばかりで、テントを設営して水を作り、ご飯を食べて、明日必要な水を作って、酸素の点検をして、ベースキャンプと交信をして、えーと、撮影の準備をして……、やることは結構ある。動きは緩慢だ。シェルパと明日の打ち合せをしてシュラフにもぐり込む。天候だけが気がかりだった。

地球最高所の〝海〟へ

あれほど「明日はスタートが早いから」と念を押しておいたのに、誰一人として起きやしない。おかげで大あわてで出発の準備をすることになった。それでも、まったくムダのない準備作業が狭い空間のなかで慎重に行なわれる。本来ならばこういう場面を撮影したいところなのだが、その余裕がどうしても生まれない。この空間でのリズムというものがある。遅れることができない不思議な感覚だ。

プラスチックブーツを履き、オーバーシューズを着け、ハーネスを締める。酸素ボンベをザックに詰め、予備のバッテリーを羽毛服の内側ポケットとさらに内側のフリースに仕込み、テントの外へ出る。ありがたいことに上空は星が瞬き、風もない。深夜の冷たい空気のなかでアイゼンを付け、酸素マスクを付けて、さあ出発。起床してから一時間半、早い！　こういう場では人並み以上の能力を発揮する。普通ならたっぷり二時間は必要だ。スタート模様を撮影しようと考えていた矢先にシェルパの酸素器具がトラブルだ。一気にリズムが狂う。ザックを下ろし、せっかく付けたマスクをはずす。予備のレギュレーターを取り出して付け替える。撮影ができない。スタートの時間が遅れたために余裕が生まれない。はるか上部に小さな灯りがチラチラと動き揺れる。Ｃ６を出発したほかの隊のクライマーたちは、とっくにイエローバンドを越えている。早く出発したいという気持ちが優先して、撮影どころではない。

ヘッドランプの明かりだけを頼りに登り続ける。二本背負った酸素ボンベが足取りを重くする。一本約五キロ、それにレギュレーター、マスク、予備の装備、カメラ、バッテリー、クライミングのギアなど、背負うザックの重量は、どんなに軽量化したとしても一五キロを軽く超えてしまう。日の出を撮影したい。どこでも同じだが、光の移り変わる夜から朝へのハイライトだ。ここから始まるものが、人の心のなかにはたくさん存在する。

考えていることと現実は大きく違ってくることが多い。朝日が見えない。北側を回り込んでいるから見えやしない。夜明け前の薄暗いシーンは、澤田くんが先行しすぎて全然撮影できていない。強い朝の光を浴びて、北東稜に合流する。一歩先はカンシュン氷河側へスッパリと切れ落ちた稜線だ。最初の撮影ポイントは、約八六〇〇～八七〇〇メートルにかけて屹立する大きな断層が広がる、第二ステップ付近だ。歩き出すと雪の斜面に明らかにそれとわかる異常な突出物。遺ではない。

体だ。無機質と化したこういう姿がいくつこの山には転がっているのか。朝っぱらから見る光景

「八六〇〇メートル、ようやくチョモランマ層に入りました」

澤田くんがベースキャンプと交信を交わす。チョモランマ層というのは、イエローバンド層の上に重なる地層のことだ。山頂の北一五～二〇キロのチェンチン川流域に分布する同じチョモランマ層からは、多くのオルドビス紀の化石、腕足貝や三葉虫、ウミユリ破片などが産出されたと報告されている。

異常に寒い。日陰での撮影には気分がのらない。光が弱すぎるのだ。しかし、そんな贅沢は言っていられない。カメラを取り出し、ザックを背負いなおし、スイッチを入れる。

三浦「イエローバンドの海を越えて、チョモランマ層の海に入った感想はいかがですか？」

澤田「昔、僕が三葉虫だったころを思い出しますよ、なんていうギャグを昨日考えていたんですけど、それよりもはるかに苦しいです」

澤田「この付近には化石らしいものは入ってないようです」

化石を探しながらも上部へ向かうが、なかなか決定的なものは発見できなかった。第一ステップでも化石は見つからなかった。第二ステップの岩壁付近でもそれらしきものは探し出せなかっ

た。
　三角雪田を越えて北壁側へ回り込むと、もう頂上は間近だった。
澤田「露頭を見ながら来てるんですが、ますます化石の形跡がなさそうになってきてしまいました」「このままでは頂上に行ってしまいそうなんですが、こんな状態です」
三浦「ちょっと酒井先生にかわります」
酒井「化石が見つからないそうですが、時間も時間ですから頂上に向かってください」
澤田「下であったようなカメラ映えする化石がぜひとも見つけたかったんですけど、化石が入っている様子が、上に来たら全然なくなってきちゃったんですよ」
酒井「気をつけて、頂上直下のとこ、ろで探して見てください」
　僕たちは必死だった。澤田くんはもう化石のことしか頭のなかにない。撮影で遅れると、僕はあわてて彼を追いかけなければならなかった。ほかのパーティが次々に頂上を目指していく。間に入ったクライマーが、なかなか追い越させてくれない。そうこうしている間に空が大きくなってきた。澤田くんがどうしたわけか下降してきた。
「頂上に着いてしまいました！」
　僕たちはまだ十分に海の痕跡を探しきれてはいなかった。とりあえず頂上からの交信模様を撮影しなければならなかった。頂上に立つシーンを撮影し、僕たちは握手を交わした。

「登っちゃうとは思いませんでしたよ、化石もロクに見つけられなかったのに、悔しいけど嬉しいや。これより高い山はないですからね……、正直言って嬉しいっす」

今回の目的が登頂することであったなら、どんなに喜んだことだろう。まだ重要な課題を残していることが気がかりだったし、頂上の撮影もしなければならなかった。僕はちっとも嬉しい気分にはなれなかった。まだ作業が完成しない状況に、それどころではなかった。

風は強かったが、三百六十度の大展望が広がっていた。時計を見ると、ネパール時間で十時を過ぎていた。

澤田くんは無線機を取り出し、ベースキャンプに登頂の報告を入れる。

澤田「たった今、頂上に着きました！」

三浦「おめでとうございます。世界最高所の海の感想はどうでしょうか？」

澤田「ここが世界最高所の海です。なんと言ったらいいでしょうか、気持ちがいいというか、爽快というか、なんとも言葉にできません」

僕たちは頂上に着いて喜んでいる場合ではなかった。この頂上が終点ではなく、まだやらなければならない作業が残っていた。

頂上撮影を終え、数メートル下の露岩で化石を探すことにした。うっかりすると北壁側に転落しそうだったが、ロープなど付けて安全確保しているヒマはなかった。

澤田くんは、三浦さんから託されたハンマーを振るった。僕は撮影を始める。澤田くんのハンマーの振り方は下手をすりゃ環境破壊だ。シェルパたちはしきりに下降したがった。当然のことだった。登頂を終えたらさっさと下りるのがヒマラヤ登山の鉄則だ。長い時間、滞在する場所ではないのだ。

体が冷えてくる。冷たい風が気になりはじめた。天候が崩れる前にC6まで戻りたい。不安要素はまだ幾つもあった。ヒマラヤでの事故はたいがい下降中に発生する。

澤田くんは石をたたく。僕はその模様を撮影する。シェルパは何度も「早く下りよう」と言ってくる。今度はベースキャンプとの交信だ。たいして時間も経っていないはずだが、猛烈に長く感じられる。横で待つシェルパが再び声をかけてくる。「早く下りないと危険です」そんなことはわかっているが、下りるわけにはいかないのだ。僕はじっとカメラを回していた。どれくらいの時間が過ぎていったのだろうか。やがて澤田くんはついに海の痕跡を見つけ出した。

澤田「どうにかウミユリがこの石に入っていると思います」

三浦「おめでとうー、よかったですね。何か聞こえますでしょうか？　その岩から」

澤田「そうですね、いやあ、四億八〇〇〇万年も経つと、やっぱり海の底のものがこんな高い酸素のないところにくるんだな、というのは感慨深いですね」

ウミユリを発見した澤田くんはベースキャンプとの交信を終わらせ、いくつもの〝地球最高所〟の石を採取して下降していった。僕は、撮影が無事完了できたことにほっとした。

かつて浅い海で大繁殖していたウミユリ、このほかにも持ち帰った化石からは顕微鏡でいくつかの生き物の痕跡が発見された。三葉虫の化石も今回初めて発見された。介形虫（ウミホタルの仲間）、さまざまな海洋生物の糞の化石、波打ち際の砂粒が波に揺らめいているうちに丸まった魚卵石のようなものも見つかった。つまりチョモランマの頂上付近は、海の深い場所ではなく、波打ち際の浅い海、四億八〇〇〇万年前の渚だったことが、世界で初めて証明された。

「それにしても、僕たちは不思議な体験をしたんだなぁ。僕たちがいつも遊んでいる、あの海辺。潮が満ちたり引いたりしている海には、無数の生物が生きているわけだけれど、それが数億年の時間と地球のエネルギーを借りると、あんな高いところまで押し上げられちゃうんだもんな。しかも、そこには当時の生き物たちの姿がくっきりと残っているし、時間を超えて僕たちの目の前にその姿を見せてくれるんだから。

だけど、この大地には海の記憶だけじゃなくて、大陸の旅の記憶、大陸同志のせめぎ合いの爪痕まで、くっきりと凄いスケールで残されていたんだね」
三浦さんは、そんなラストコメントを残した。

地球最高所で見つけた海の記憶。気の遠くなるような昔、そこは渚だったという。二つの大陸が衝突し、太古の海が盛り上がることでできたチョモランマ。八八四八メートルの超高所で、僕たちは確かに渚の音を聞いた。

日本に戻り三浦さんは『チョモランマの渚　天空の海へ』（ＫＳＳ出版）という一冊の本を書いた。そのなかの一説「あの時、五感が感じたものはしっかりと私の体に焼き付いている。あの高揚感や満足感こそが、私が本来感じるべき最高の幸せであることを、心は記憶してしまった」とある。三浦洋一さんは残念ながら、二〇〇〇年五月十四日、食道癌のため四十六歳の若さで亡くなった。チベットの大地を渡っていく風が、今も爽やかに吹いているだろうか。ご冥福を祈りたい。

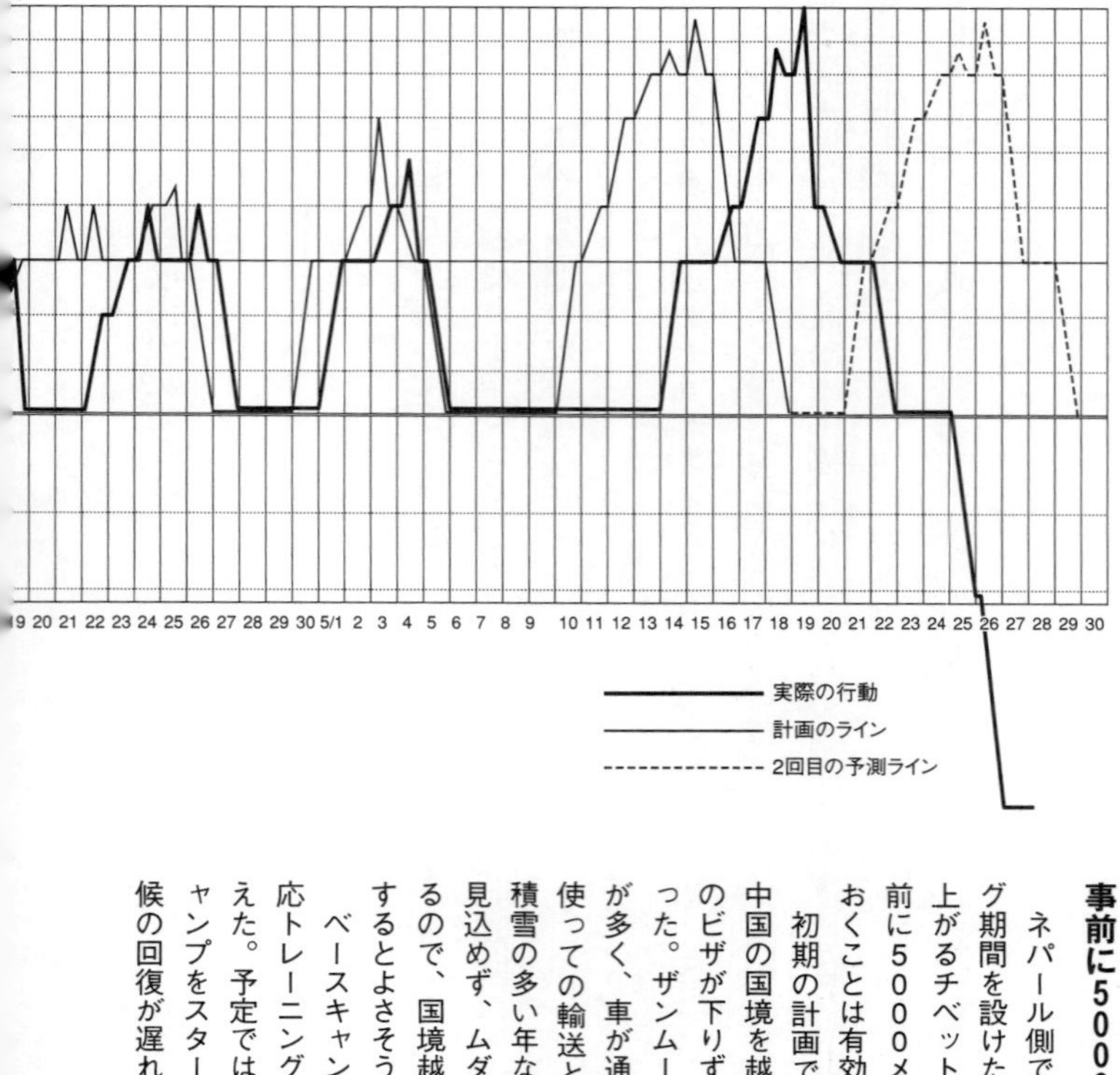

事前に5000メートルの順応を

ネパール側で12日間の順応トレーニング期間を設けた。短期間で急激に高度が上がるチベット側への入り方として、事前に5000メートルの順応を済ませておくことは有効な方法だ。

初期の計画では4月1日にネパール・中国の国境を越える予定だったが、中国のビザが下りず5日遅れのスタートとなった。ザンムーからニエラムの移動は雪が多く、車が通れないためにポーターを使っての輸送となった。4月の初旬は、積雪の多い年などなかなか道路の開通が見込めず、ムダに時間を使う可能性があるので、国境越えを4月8日前後に設定するとよさそうだ。

ベースキャンプからは大きく3回の順応トレーニングを経て最終ステージを迎えた。予定では4日間の休養でベースキャンプをスタートする予定だったが、天候の回復が遅れて8日間滞在した。少々

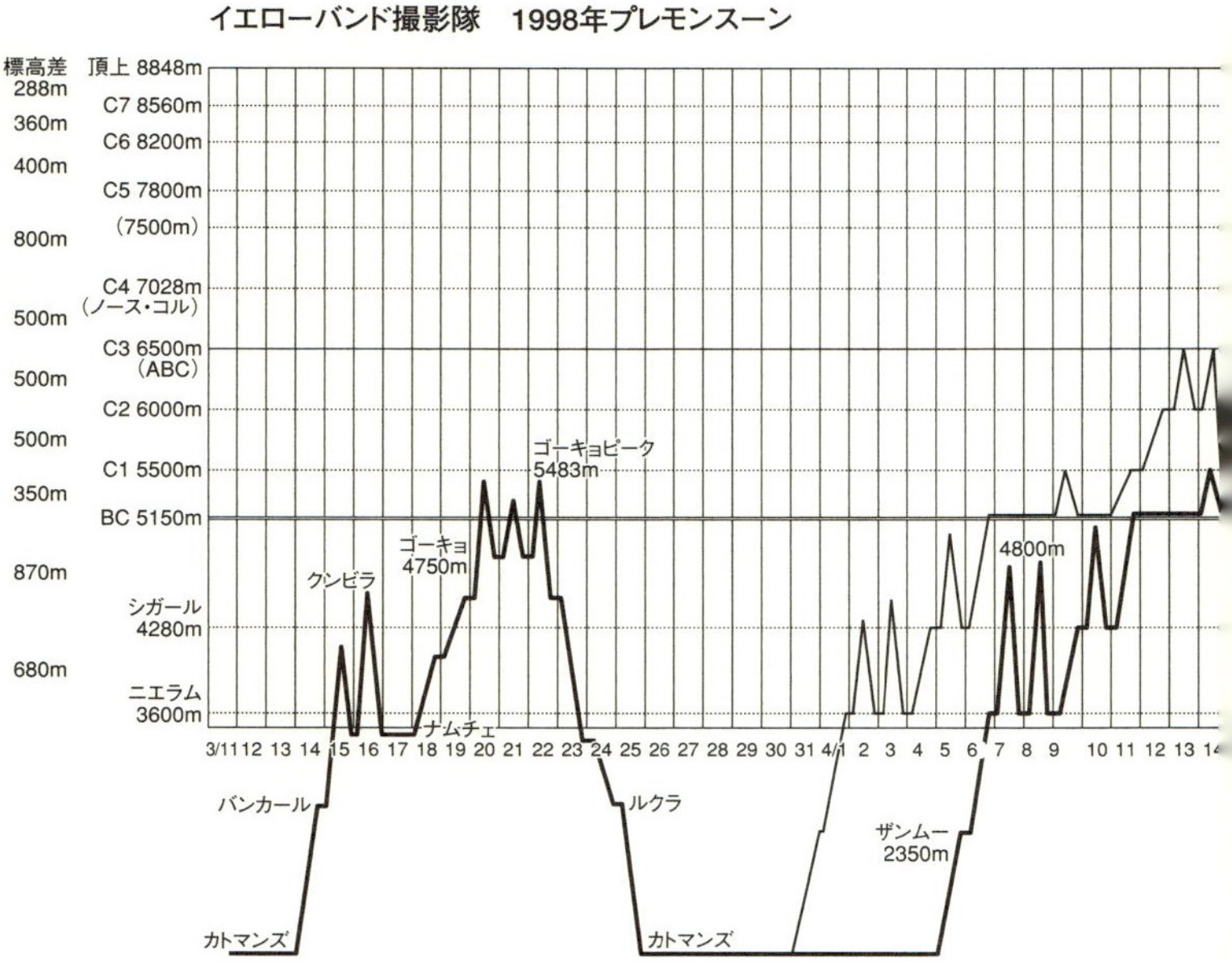

長すぎる滞在だ。

計画では２回目の順応ステージで、７０００メートル台を２回往復してからノース・コル（７０２８メートル）に１泊して下りる予定だったが、実際には２回の往復運動のみとしている。入山が遅れた理由もあるが、現実的にはそのぐらいの運動量が適当かと思う。この計画通りに行動するのは少々ハードスケジュールだ。この段階で６５００メートル以上に滞在日数７泊は長すぎる。せいぜい４日間ぐらいにとどめておくことがベストだ。

最終ステージは、ＡＢＣをスタートして１泊ずつ高度をかせぎ、アタック日（５月19日）は、最終キャンプを出てノース・コルに下りている。

翌日はゆっくりＡＢＣに下降し、すべての荷物を梱包してベースキャンプに戻った。

日中連合珠穆朗瑪峰総合科学考察隊

JAPAN-CHINA QOMOLANGMA SCIENTIFIC EXPEDITION TEAM 1998

隊　長　北村皆雄

隊　員　11名（イエローバンド登山隊３名）

日　程　1998年３月〜５月

概　要　約５億年前の海の痕跡を求めて、チョモランマの超高所で化石調査を行ない、２名が頂上に立った。周辺取材と合わせて『チョモランマの渚——地球最高所に幻の海を見た』がテレビ朝日で放送された。

第三章

野口　健の場合

——七大陸最高峰登頂最年少記録への挑戦

何も考えていない男

一九九八年の夏、撮影機材やスケジュールの打ち合わせをするために大阪の毎日放送を訪ねた。七大陸最高峰登頂を目標にしている野口健くんが、昨年に引き続きエベレストを目指すということで、その撮影を依頼された。彼のことはよく知らなかったが、実際、エベレストでの撮影計画をイメージしたかったので、行動表が見たいとリクエストした。ところが、そのような行動に関する資料は見当たらないという返事だった。彼の計画書からはだいたいの趣旨や概要はわかったが、どのような登り方をするのかがまるでわからなかった。ベースキャンプから高所順応のために上部を往復する回数や、休養のタイミング、あるいはアタック前の順応でどの程度の高度まで体験しておくのか、そのような具体的なクライミングのスケジュールが知りたかった。撮影上のことでいろいろと考えたいこともあったが、それよりも、どのようにしてエベレストに登るかということに興味があった。

「まあ、ベースキャンプへ行ってからでもいいかな……」

そのことはあまり気にしないことにして、準備を進めることにした。

九月二日、一人遅れてカトマンズに向かった。カラコルムに行っていた都合上、ベースキャンプで本隊と合流することになった。とりあえず、そこまでのトレッキング期間は休養がとれる。それはありがたいことだった。

体調は悪くはなかったが、春のチョモランマ、夏のガッシャーブルムⅡ峰という二つの八〇〇〇メートル峰に登っていた関係上、だいぶ体も消耗していたし、内臓も弱っていた。いずれにしても、僕には休養が必要だった。取材が始まったら休む暇がない。というより、体を回復させるためにいちばん必要な酸素が、決定的に足りない生活が始まることになる。それは再び高所の影響を大きく受ける、悲惨な生活が待っているということだった。

「体によくないな……」

当初、僕はこの取材を受けるかどうか少し迷った。蓄積された疲労を回復するだけの十分な時間があまりない、ということが少々気になったからだ。エベレストのノーマル・ルートを登るだけならたいした問題はなかったが、同行して撮影するとなると話は少し違ってくる。ベースキャンプから上部での撮影は自分一人の作業となるため、ある程度の消耗は予想しておくべきだった。「くたびれて撮影できませんでした……」というのは成り立たないので、仕事を受けるかどうかは慎重に考えなければならなかった。自分の役割は、いい映像を記録することだ。それはエベレストの超高所での取材、あるいは危険な場所での撮影を意味していることになる。そんな理由もあって、安易には引き受けられないことは十分わかっていたことだった。仕事を引き受ける以上、きちんとコンディションを整えて参加できるかが僕の課題となった。これは意識の問題だった。長期的な視点で自己管理ということをいつも意識しておけば、できないことではなかった。そう判断した段階で、この仕事を受けることにした。

徹底した体調のコントロールに注意することが必要だったが、そういうことがいつの間にか感覚的にできるようになっていた。カラコルムから戻り、短い時間のなかでベストの状態に近づけられるように、栄養の補給に気をつけ調整することにした。

九月十二日、ベースキャンプに到着して、野口くんや毎日放送のカメラマン北川高さん、サポートの宮下邦子さんたちと合流した。野口くんとは、春、トレーニングでゴーキョへ行ったときに、偶然、顔を合わせたことはあったものの、ちゃんと言葉を交わすのはこのときが初めてだった。天候などの問題で輸送が遅れ、僕がベースキャンプに到着したのはそれほど遅れていないことを知った。またこの秋のシーズンは、スペインのチームと南西壁の日本隊などが来ていることを聞いた。

ひと通りの雑談を終えて、今後の野口くんの動き方を尋ねた。撮影するには、だいたいの行動を知っていることが大切だ。そうしないと、どこでどのような撮影をするかイメージ作りができない。特に高所のような条件の悪い取材では、思いつきだけでは撮影がひどく困難になる。だからある程度計算されたベーシックなものを作っておかないと、突発的な状況に対応していくことが難しくなってくる。

「タクティクスを知りたいんだけど、見せてもらえますか」

ところがなかなか出てこない。

「どのように登るか組み立てたスケジュール表みたいなものがあると思うんですが。鋸の歯ようなギザギザなヤツ」

気のせいかもしれないが、どうも自分の発している言葉を野口くんは理解していないような気がした。以前、大阪で毎日放送を訪ねたときには、まだそういった細かい内容までは出来上がっていないものと思っていたが、相変わらずこのベースキャンプでもそれらしきものを見ることができなかった。

「エベレストにどうやって登るのだろうか……」

昨年、野口くんは公募隊で中国側からチョモランマを目指したのだが、みごとに体調を崩して失敗していた。そのときの話を聞いて「なるほど」とすぐに思った。

ガイドの言うことには絶対服従であって、まったく個人の言い分が通らなかったという。確かにガイド側からすれば、客が勝手に動いてもらっては困るし、安全やら責任の問題を考えれば当然とも言える。したがってどんなに苦しくても、言われた通りに対応できて、初めて登頂のチャンスを得られるという具合だ。もともとそんな公募隊に加わったところに問題があるのだが……。考えようによっては簡単につぶれてくれた、いい客だったのである。

彼の参加した公募隊がどのようなシステムで行動を組み立てているのかは知らなかったが、頂上アタックに人数が多ければ、ガイドする負担も増えるという簡単な仕組みだ。参加したすべてのお客さんを全員元気に頂上に向かわせることが、ガイドする側の仕事だ。高い金額を払って参加した人たちは誰もが頂上に立つことを望み、受けた側はその希望を叶えることが求められる。しかし、登山者は全員が登れるとは限らないのだ。体調を崩したり、体力を使い果たしてしまったり、さまざまなアクシデントは登山期間中いつでもつきまとっている。そうして何人かは脱落していき、人数が減ったその分、頂上に向かうガイドの負担が軽くなるという構図だ。

エベレストのような特殊な環境では、クライアントの人数が少なければ少ないほど安全の確率は増していく。そんなところで人の面倒をみる余裕はない、と言っても不思議ではない世界だ。言い方を変えると、早めにリタイアしてくれる人がいると気持ちは残念だが、実はありがたい、ということなのだ。登れなかったからといって、支払われた金額がけっしてお客のもとに返金されるわけではないのだから。要するに公募隊に参加したら、どれだけ自己管理をうまくやっていけるかが登頂の鍵となる。

そもそも山なんて、どのように登るか、もろもろのことを自分で解決し、組み立てて登るからおもしろいのであって、人任せの登山はいまひとついただけない。公募隊に参加することを批判するつもりはないが、中高年でもあるまいし、若い人間が高額な料金を支払って参加するような考え方があまり好きではなかった。だいたい料金さえ払えばすべてを面倒みてくれる旅行ツアーのようなものに、若者は安易に乗るべきではない。別のスタイルを選択するべきだ。もちろん自分で歩かなければ頂上には着かないし、苦労して登った山はよい経験として残るだろう。ところが、大きな過ちは根本のところが決定的に欠けている点だ。これから登ろうとする山登りの内容をすべて人任せにして、簡単に自分の意思を預けてしまっていいわけがなかった。登山で重要な部分は、自分の登山をどのように創り出していくのか、そういった中身にこそ大きな意味があるはずだった。

野口くんが昨年の失敗から反省し、今回は自分の登山隊を組んだことは正解だった。しかし、せっかく経験した前回のエベレストからは、山登りのことをほとんど学んでいなかった。道理でタクティクス表なんて出てくるわけはなかったのだ。

僕は、「しょうがねえな」と思いながらも、撮影のプログラムも組みたかったこともあって、大まかなタクティクスを組んでみることにした。

「シェルパに全部任せているのかなあ?」

いろいろなやり方があるから一概には言えないけど、それもまたひとつの方法だ。しかし、主体がぼけてしまうことも確かなことだった。本来なら取材なので、ありのままを撮影していくことが大切な姿勢だった。したがって何も手を加えずに、成り行きにまかせることが必要だったが、このような登山隊は特殊だった。無計画に行動しても野口くんにとって何も得るものがないし、少しぐらいはヒマラヤの登り方を知っておくべきだった。

自分の考えを押しつける気はさらさらなかったが、一緒に山に入って同じ方向を目指そうとするなら、経験を多く積んだ人が若い人にいろいろと教えてあげるのは当然だ。選択するかどうかは僕の知ったことではなく、どう受け取るかはその人しだいだ。「自分はこのような方法で山に登っているよ」ということを、少しばかり若い人間に伝えることは悪いことではなかった。

毎日一緒に行動していれば、いろいろなものが見えてくる。その人のやり方があるからあまり余計なことを言う必要はないが、ときどき思ったことをストレートに伝えた。

「こんなところで、いちいち真面目にカラビナなんて掛けなくてもいいんだぞ」

「でも、フィックスロープのあるところは必ず掛けろ、と言われた」

「誰に？」

「シェルパに」

なるほど、シェルパはしっかりしている。今やガイドだ。しかし、シェルパにそんなこと言われるなよなと思ったが、彼らのほうが圧倒的に経験値が高いから当然のことだった。基本的には彼らの言うことが正しい。危険だと思われるからロープが張ってあるわけだし、「カラビナなんて掛けなくていい」というほうがどうかしている。

「こんなやさしいところは、フィックスロープなんて本来いらないんだ。カラビナの掛け替えで体力を消耗するだけなんだよ。地形を見て必要ないと思ったら、ロープを使わなくたっていいんだ。だいたいカラビナを掛けても掛けなくても、落っこちれば同じだろ」

予測される危険に対してどのようにとらえるかは、クライマーのセンスだ。ただ何も考えずに張られたロープを使用するのは問題ありだ。ただし、極度に疲労が激しい状態や、高度障害に冒されて判断力が欠けている可能性がある場合はまた別だ。支点の掛けかえの際、滑落を防ぐためダブルでカラビナを使うように指示を出す。あるいは方向性を考えてユマールを併用することで、最小限の墜落にとどめることを予想する。もちろん自分もミスしないように丁寧な歩き方を心がける。そういったことを現場で真面目に考えていれば、めったに事故なんて起きやしない。

問題は自分で張ったロープならば比較的安心して使うことができるが、誰が張ったかわからないようなロープを、うかつに信じるほうがどうかしているのだ。春のシーズンなど、意味のわからないムダなロープが、エベレストの辺りにはたくさん張り巡らされる。横着して使わないのと理解して使わない……では大きな違いがあるはずだ。「そういうのがいちばん困る」と誰かに言われそうだが、いたずらに多すぎるロープは、山登りそのものをダメにする。

ときどき真面目な会話をしながらも、順調に登山活動は進んでいった。

良質な休養

われわれは高所に順応するため、丁寧な上下行動を繰り返していた。C1（六〇〇〇メートル）からC2（六四五〇メートル）へと向かうウエスタン・クウムと呼ばれる平坦な場所は、盆地状の地形をなし、まったく風が通らない。強烈な日射で極度に体力が奪われる。C2はABC（アドバンス・ベースキャンプ）とも呼ばれ、重要な前進基地となる。ここの高度は厄介だ。順応の段階では睡眠がとれたためしがなく、睡眠不足はほとんどの人に共通する症状だ。長い夜をいやというほど味あわされる苦痛のキャンプとなる。さらにここから硬い氷の大斜面、ローツェ・フェースが始まる。寝不足と順応のできていない体をひきずりながらの登高が待ち受ける。野口くんはどうやら基本的な体力は持ち合わせているようだった。ひょっとしたら今回登れるのではないかと思えるぐらいの順調な仕上がりだった。Ｃ２からＣ３（七三〇〇メートル）を二日間続けて往復し、すべての順応行動を終わりにした。

ベースキャンプで僕はひとつの提案をした。そもそも彼が、昨年チベット側で敗退した大きな理由は、体調が悪いにもかかわらず高所に長く滞在したからだった。さっさと低い所に下りて体を回復させてあげればよかったものを、ＡＢＣ（六五〇〇メートル）付近に長いこと滞在していたという。それが公募隊のプログラムだったのだろうから文句は言えないが、そんなことをしていれば、人間の体なんて簡単に壊れてしまうのは明らかだった。酸素がいかに重要かという問題を抜きにしては、高所の登山は成り立たない。

今回、よい状態で順応を終えることができたが、アタックに出るまでの期間、どのような過ごし方をするかによって体の回復度は違ってくる。酷使した体力を取り戻すこと。それには酸素を多く取り入れてあげることが最良の方法だった。また、失われた栄養を十分補給してあげることも大切だった。行動と休養のバランス、体力と順応の関係、そういった理論をもっていないと、高所登山はなかなかうまくいかない。特に休養に関しても「良質な」という点を意識することが大切だった。

ベースキャンプは五三〇〇メートル、順応のできた体ならばそこで数日のんびり過ごすことで休養はとれるし、疲れた体を回復させることは可能だった。しかし、もう一歩踏み込んで、さらに高度を下げることで回復力がもっと早まっていく。

そんな理由もあって、ペリチェ（四二〇〇メートル）あたりまで下りて、三～四日休んでみたらどうかと勧めてみた。僕自身もネパール側での休養のとり方について、真面目に考えてみた提案だった。過去そのようなやり方をしていた人たちもいたのだろうけど、そういった実例を知らなかった。ひとつ心配なことは、ベースキャンプを離れて連絡がとれなくなることだった。また天候が安定してきたとき、うっかり出発のチャンスを逃してしまうのではないかという不安が少しあった。しかしながら、四二〇〇メートルは魅力的な世界だ。人が生活しているということが、どれだけの回復効果をもたらすかは考えるまでもなかった。一旦ベースキャンプを離れ、環境を変えることで気分的にもリラックスできることが何よりいいことだった。濃い酸素のなかで精神的にストレスさえ溜めなければ体力の回復は早まるはずだった。

サーダーと荷上げなどの綿密な打ち合わせを済ませ、僕たちは十月一日、ペリチェに下りた。ゆっくり休むために別々の場所に滞在し、ベースキャンプに戻る日だけを決めて、それぞれの時間を自由に過ごすことにした。

休養を終えてベースキャンプに戻ると、さっそく撮影機材の準備を始めた。なにしろ限られたものしか上部に上げることはできないし、ひとつトラブルが発生すれば、取材は極めて困難になる。慎重に計画を組む必要があった。

ビデオカメラとスチールカメラ、バッテリーやテープ、フィルムの数量などを決め、カメラには低温から少しでも保護するために保温材などを貼り付けた。それは高所撮影で行なういつもの準備だ。ひとつ迷うのは三脚だ。三本持ってきたうち一番軽量な三脚を最後は使うとしても、頂上まで上げることが可能かどうか。その負担を考えるとサウス・コルに置いていったほうがいいのか。僕はいつも重量のことで悩まされる。一グラムでも軽く、高所では少しでもコンパクトにしたい。そうはいっても、最低限のものは置いていくわけにはいかなかったし、また多少の予備も必要だった。

ベースキャンプには野口くんの後輩二人が、環境調査班として周辺の清掃をするために訪れていた。前年、チベット側で参加していた大蔵喜福さんや、北川カメラマンと交替して入った榛葉健さんたちが加わり、賑やかになっていた。

なるほど、野口くんというのは、うわさで聞くよりはずっといい青年だし、若いのに環境のことも考えてなかなか立派ではないかと内心思った。なにしろ山登りはてんでヘタで「何も考えてないヤツだな」と思ったが、その登ろうとするエネルギーや、行動力はたいしたものだ。なかなかこういった若者は珍しいと思った。

自分の力を謙虚に受け止めて、妙にこぢんまりとした計画を作る登山者がいる。そうかと思えば、無謀ともいえる挑戦をするマヌケな登山者もいる。しかし、どちらかと言えば僕は後者のほうが好きだ。今回のエベレストへの挑戦がすでに無謀の範疇ではないとは思えたが、どうしてこいつは山登りの内容のことを真面目に考えてこないのか、という点が信じられなかった。一番おもしろい部分を省略し、登山と関係のないところに力を注いでいることが僕には理解できなかった。

生と死の分岐点

広大なローツェ・フェースに、黄色い帯状の岩層が顕著な縞模様となってヌプツェに向かって延びている。イエローバンドと呼ばれる層とは、また時代の違う黄色い岩層帯だ。

十月十一日、野口くんはベースキャンプを後にした。三日後の十四日、ローツェの黒い岩壁に向かってただ黙々とユマーリングを繰り返していた。やがて左へ斜上していくと「ピストル岩」と呼ばれる黄色い岩層部に到達する。信用できない古いフィックスロープが数本ぶらさがっている。わずか数ピッチの岩登りだが、とたんに体力を奪われる嫌な場所だ。標高にして七七〇〇メートルぐらいだろうか。その辺りから野口くんのスピードが急速に落ちた。C3からは酸素を使用しているはずだった。僕は撮影しながら彼の動き方を観察していた。それは八〇〇〇メートルを超えて、さらに高い所へ向かおうとするときに、どういった歩き方をするのか知っておきたかったからだ。高所での歩行速度は、その人の状態を簡単に見分けることのできるバロメーターとなる。

「あいつペース落ちたな……」

そうした情報を客観的にとらえ、進むか戻るか、そういった局面に立たされたときの判断材料として記憶することが僕の安全管理上でのいつものくせだった。それでも、ペースを崩しながらも、まずまずの体調でサウス・コルに上がれたことは、それなりの力を持っている証だった。

強風のなかでテントを張り、なかに転がり込んだ。深夜スタートするためには、大急ぎで水を作り、食事をとって休む必要があった。ようやくそういった作業から解放され、冷たいシュラフにもぐり込む。と同時に風の音が気になる状態が続いた。睡眠用の酸素を吸っているにもかかわらず眠りにつけない。テントを揺する音が気になりすぎたのだ。サウス・コルは風の通り道。強くてあたりまえとは思っているものの、遠くから聞こえる山のうなる音や、直接テントを揺すられる気分はよいものではない。こういう状態でスタートしたくないなと思いながらも、一向に収まらない風の音を聞いて、その夜を過ごしていた。

日付が変わって十月十五日、しばらく強風のためにスタートを見合わせていたが、頂上までの時間を計算すると、もう出発しなければならない時が迫っていた。サウス・コルでの滞在は、酸素の量や補給の問題を考え合わせると、余裕のある状態ではなかった。風が弱まることを祈って、暗闇のなかに一歩を踏み出すことにした。午前二時過ぎ、僕たちは意を決してエベレストを目指した。

この秋、エベレストは入山者が少なく、われわれのチームとスペイン・チームの二つのパーティだけだった。徐々に傾斜が増して、いきなりの深い雪に登高速度ががくっと落ちた。先行するシェルパは交替しながら上を目指していく。われわれのシェルパが四人。スペイン隊が一人。一時間もしないうちに、われわれのシェルパの一人がアイゼンの破損を理由にサウス・コルに戻ってしまった。フィックスロープもなく、真っ暗闇の強風のなかを、ただ黙々と深いラッセルを続けなければならなかった。しばらく登ると、先頭が動かなくなっていた。ヘッドランプの明かりが頻繁に僕たちに向けられていることがすぐにわかった。要するにシェルパたちは、もうこれ以上の登高が困難であることを示したかったのだ。置かれている状態の悪さを悟ったのか、さすがに頂上までの遠い距離と危険を感じとったに違いなかった。

野口くんも僕もコンディションは悪くなかった。暗闇のなかでストップしたシェルパたちに追いついた僕たちは、先頭に出てラッセルを始めることにした。そうしないことには、この状況を変えることができないからだ。

しばらくラッセルを繰り返し、クーロワールの岩陰で風を避け身を寄せ合った。風雪がひどく、斜面も急になってきている状況で、ロープも結ばずに動くことは危険なことと思われた。高度八三〇〇メートルぐらいだろうか、やがてチベット側の空が微かに白くなって、後方のローツェがうっすらと輪郭を取り戻した。夜が明けはじめたのだ。僕は上空を見上げた。白い煙が一筋の川のように広がり流れていた。これから向かうさらに高い稜線は、相当の強風が吹き荒れていることを示していた。こいつは悪い状況だなと感じながらも、僕たちはその岩陰を離れることができなかった。

この高さは怖い。僕たちはただじっとそこで過ごすしか方法がなかった。スペイン隊のシェルパはすっかり戦意を喪失して、これ以上登れる状態ではなかった。野口くん、僕、スペイン人のカルロス、それにシェルパが三人。この六人で頂上まで行けるのか。こんな状態で到達できるのだろうか。僕にはとても不可能のように思われた。トレースもフィックスロープもなく、天候すらも悪い状態で、ましてここから頂上を往復してサウス・コルに戻るには、時間的にも厳しいことを感じていた。この地点から山頂まで最低でも六時間はかかる。それも条件の良いときだ。これだけの吹雪のなか、ラッセルをしながら進むとしたら十時間はかかるだろう。野口くんは「登りたい」と言う。そんなことは百も承知だった。僕は自分の考えていることを伝えた。

「ちょっと問題ありかな」

野口くんが、例えば相当経験を積んだクライマーであったとしても、かなりの程度で高いリスクを抱えての行動になることが簡単にイメージされた。上空の風が問題だった。高高度で強風に吹かれることは恐ろしいことだった。風は体温を奪い、著しく消耗させる。マイナス三十度、強風のなかを長時間行動すれば、凍傷にやられる確率は極めて高かった。ギリギリ運よく頂上にたどり着いたとしても、帰りに遭難する可能性が十分予測された。天候は回復してくるとは思えない。あまりに悪い条件がそろいすぎていた。こういったときには、素直に自然に従うことが賢いことだった。ただし僕が決めることではなく、彼の意志で決めることが重要だった。

吹雪は一向に収まる気配はない。僕は気づいたいくつかの問題点をあげた。

「俺らの能力で登れるかどうか、かなりの危険を感じるよ。上空に真っ白いのが飛んでて、あれは雪煙なんだけど、ここから確認できるというのは、かなり冬が近づいてきてる証拠だ。やってみてどうなるかわからないけど、かなり凍傷にやられる可能性は高い。このラッセルじゃ、人数的にぜんぜん足りないし、フィックスできないし、硬い氷のところがあるし、あまり勧められない」

完全に季節が変わっていた。行くのか引き返すのか、決定するのは野口くんだ。彼はしばらく決めかねていた。それは当然だった。ここまで来るのにどれだけのエネルギーと時間を必要としたか。僕は気の済むまでやらせてあげたかった。登山は自分の力を試す場だ。安全領域のギリギリまでやってみるべきだった。

次第にあたりは明るくなった。鈍い光が僕たちを包んだ。僕は少しでも登ろうとするクライマーに力を貸してあげたかったが、自然は容赦なく僕たちを拒絶した。

「これはしょうがないですよ。非常に残念だけど、下りましょう……」

ついさっきまで登頂を信じてサウス・コルをスタートしたのに、なかなか決心がつかないのは当然のことだった。「ここまで来ておきながら」という無念の気持ちを抑えての、野口くんの決断に胸が痛んだ。

僕はカメラを回していた。隣にいたカルロスにもインタビューをしてみた。

「この状態は悪すぎる。今回はあきらめよう」

ところが、そう答えたカルロスは何がそうさせたのか、われわれが下降を始めようとしている間に突然、一人上に向けて登りはじめた。もう少しだけ上に向かってみたかったのではないかと僕には思われた。それよりも、彼の連れているシェルパが少し心配だった。酸素も切れていたし、なぜ、もう酸素がないのかも理由がわからなかった。もちろんカルロスにしても、調子よさそうには見えなかったし、野口くんよりも心配したぐらいだから、当然一緒に下降するものと思っていた。スペイン隊のシェルパを気遣いながら、僕たちは登ってきた斜面を引き返した。サウス・コルではスペイン隊の隊長コロンが、彼らの帰り着くのを待っていた。

「カルロスはどうした？」

僕たちはそのときの様子を伝え、コロンは驚き嘆いた。無線機に向かって何度も「引き返せ」と大声でカルロスに呼びかける姿が印象的だった。その声はカルロスには通じなかった。サウス・コルから見た上空には黒い雲が流れ、天候の悪さを表わしていた。カルロスは隊長の言葉すらも無視して、たった一人上部へ向かってしまったのだ。それは自殺行為にも等しい行動に感じられた。コロンが気の毒だった。

僕たちはその日、サウス・コルを撤収し、C2まで下りることにした。ここにある酸素と食料、燃料だけでは、再度のトライができないことがわかっていたからだ。C2に下りて、カルロスが頂上に着いたという情報を得た。しかし、僕には信じることができなかった。シェルパたちも誰一人として信用しなかった。八三〇〇メートルのあの位置から、どう計算してもはるかに予想を超えた早いスピードで頂上を往復し、サウス・コルに戻ることは不可能と思われたからだ。登頂を証明するものもなかったし、あり得ない話だった。登頂は自己申告だから、その人間の倫理に任されるわけだが、もし彼が「少し頭をやられていたら」と仮定した場合、その話は「正しい」ことかもしれないと思った。本人は「確かに頂上を踏んだ」と思い込んだとしたなら、彼は正しいことを言っている。そんな気がしたのだった。

僕は後日、隊長のコロンにカルロスの登頂（?）を祝福した。彼は暗い顔をして「アンハッピーだ」と何度も繰り返した。その意味がなんとなく理解できた。誰もそんな登頂を望んではいなかったのだ。憔悴してベースキャンプにたどり着いたカルロスは、その後、数本の指を切断することになった。それは明らかに彼のミスを示すものだった。また、信頼という大切なつながりにひびを入れる結果をも招くことになった。残ったものは大きな代償だった。

ベースキャンプで野口くんのインタビューを撮影した。昨年に続いて再び失敗に終わった今回の登山をどのように捉えているのか。しかし、カメラの前で話す野口くんは、登れなかったことよりも「自分には登れるんだ」という希望にあふれるコメントを述べた。それは聞いていて気持ちのよい若者の言葉だった。

「今回の失敗は引きずるような失敗じゃないんですよ。去年はもう、えらく引きずりましたけど。今年みたいな失敗は自分自身で完璧にできてますから、なんか去年みたいに重い気持ちじゃないんですね」

「非常に今回よかったなと。楽しかったし、非常に楽しかったですよ。非常に苦しかったんですけど、苦しいんですけど、それよりか楽しんでいる自分がいたし、あとやっぱり厳しい条件のなかで、精一杯生きていこうという、そういう気持ちがずっとありました。」

一回目の惨敗、二回目の撤退、同じ失敗でも意味は違っていた。今回のエベレストで、野口くんは確かな手ごたえを得ることができたのだろう。「なかなかいいじゃないか」と思って、僕はインタビューを終えた。

エベレスト清掃登山隊

翌年の春、野口くんはエベレスト登頂に成功し、二〇〇〇年、清掃登山隊を編成した。僕はその撮影を依頼されて、再び彼と行動をともにすることになった。

「どうもインチキっぽいな」

僕はいつものようにジョークをとばしていた。もともと僕は人のためになるようなことがあまり好きではない。どちらかといえば、社会にあまり役にも立たないようなことを一生懸命やることがおもしろいと思っている。世の中の役に立つことをしている人には憧れている、と言ったほうが、感覚的には近いものがあるような気がしている。

清掃登山に関してはあまり興味はなかったが、自分の仕事は撮影だから、そのことを丁寧に考えなくてはならなかった。無線のシステムや順応方法なども検討し、少しでも野口くんのイベントがスムーズにいくように知恵を出し合った。

ネパール側で順応を終えた僕たちは、四月十五日、カトマンズを離れ、空路でチベット、ラサに入った。チョモランマのベースキャンプに上がると、すでにネパール側から陸路で入ったダワタシ以下二十二名のシェルパたちが僕たちを迎えた。

この登山隊は頂上を目標にしていない。残されたゴミを回収することが目的だ。シェルパたちはサーダーの指揮に従って、六五〇〇メートルから八三〇〇メートルにかけて残された空の酸素ボンベや残置テントなどを回収して担ぎ下ろした。野口くん自身は主にＡＢＣを中心とした清掃作業を行ない、七八〇〇メートルでのテント回収を最後にすべての清掃活動を終了した。

野口隊は総重量一・五トンの各国登山隊の残したゴミを回収し、酸素ボンベは日本に送られ展示された。また活動の一環として、登山隊の残してきた酸素ボンベを、その隊に加わっていた政治家に届け、その模様が報道された。マスコミに登場した野口くんは、日本隊のゴミがいかにも多く散らばっているというようなことを強調した話し方をしたが、あまり気分のよいものではなかった。やっていることは悪いことではないのに、いまひとつしっくりこないものが感じられた。

「ゴミなんか静かに拾えばいいのにな」と、そう思った。

しかし、そのようなやり方が自分をアピールする方法だったのだろうし、彼もそれを理解していたのだから、そんなことは知ったことではなかった。

翌二〇〇一年、チベット側での第二次清掃活動の取材で、再びチョモランマの北側に入り込んだ。ところがこの年、野口くんは体調を崩し、自分が考えていたような活動を満足にできずに終了した。

「まあ、おまえは高い所に行ったところでたいしたことはできないんだから、いいんじゃないか」

僕はそんなことを言って彼を慰めた。それでもシェルパたちは一・六トンものゴミを回収し、それなりの成果を収めることに成功した。

二〇〇二年はネパール側での清掃登山に付き合ったが、頂上を目指さない登山は、やはりおもしろいものではなかった。チベット側二回、ネパール側二回の清掃というのが彼のプランだった。

ヒマラヤは上を向いて頂上を目指すところ。能力を試すために、あるいは未知なものに惹かれ、ロマンを求めて精一杯努力するところ。ヒマラヤを舞台にいろいろな考えの登山家がいてもいいと思うが、下を向いてゴミを探すところじゃないだろう、と環境問題に意識の低い僕は、この「清掃登山」というものに対して、なかなか興味が湧いてこなかった。

野口くんにはいろいろな理由があってのエベレスト清掃登山だったと思うが、個人的な感想としては、以前、このエベレストで登れずにじたばたしていたころのような、それこそ社会の役にも立たない、愉快なインタビューがまた聞けると楽しいと思うのだ。

「とにかく頂上に登りたいんですよ！」という……。

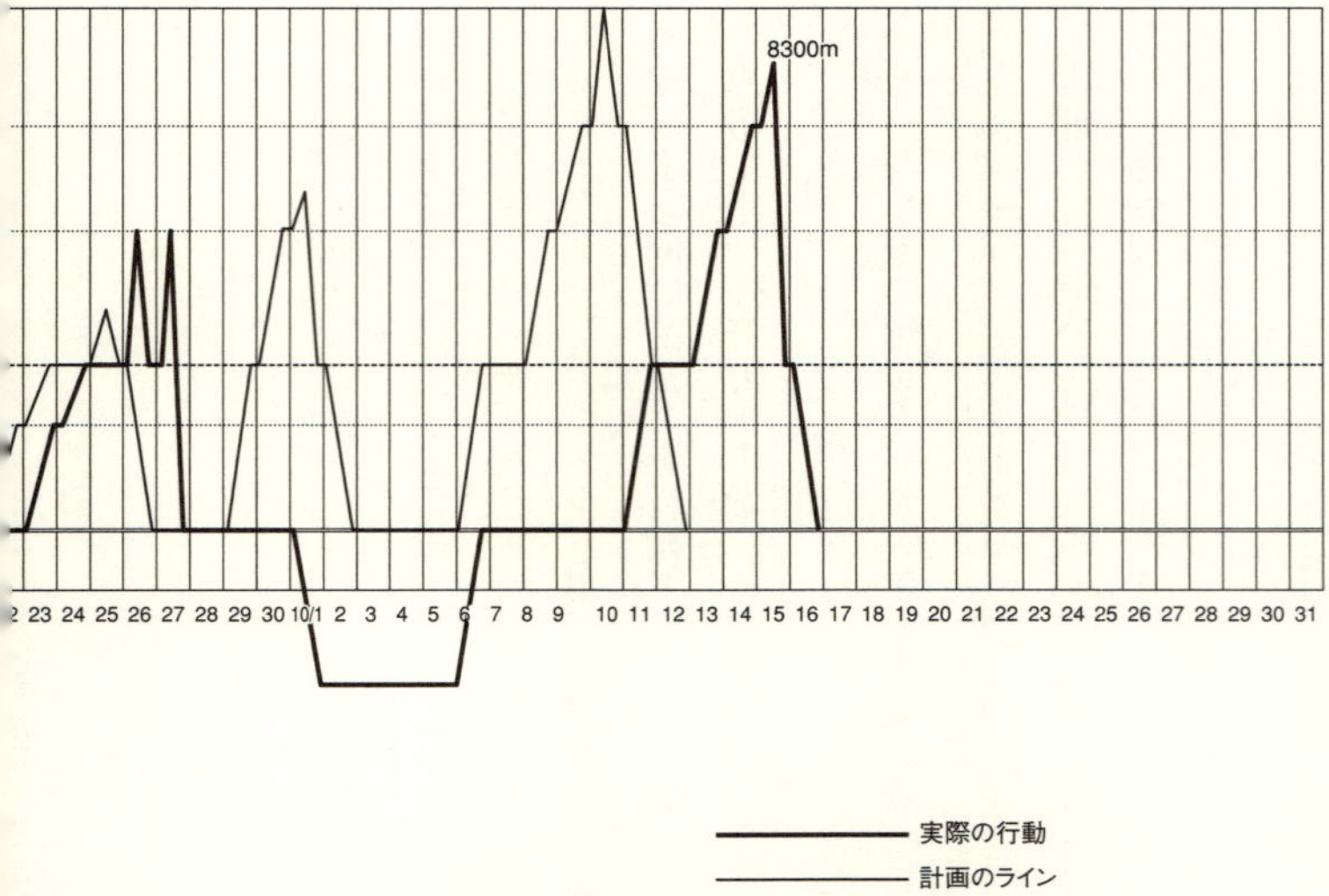

4200メートルのディンボチェで体力回復

　このタクティクス表は、自分の行動を記したもので、一般的な高所順応の方法に比べて行動が省略されすぎている。春と夏にそれぞれ8000メートル峰に登っていたため、トレッキングをスタートしてから、途中で順応行動をせずに一気にベースキャンプに上がっている。これはまだ高所順応が残っていたためにできる行動で、普通ではあり得ないベースキャンプへの入り方だ。

　ベースキャンプからは野口くんと同一行動だが、修正を繰り返しながら最終的に行動したラインだ。初期のタクティクス計画では、あと1回、順応のためABCに上がる予定だったが、実際には大きく2回の順応ステージで終了としている。

　登頂日は10月10日をターゲットとした。しかし、モンスーン明けが遅れて天候回復の見込みがなく、時間的にも余裕があったために休養はペリチェ、ディンボチェあたりの4200メートル前後に滞在し、体力の回復を図

野口健登山隊　1998年ポストモンスーン

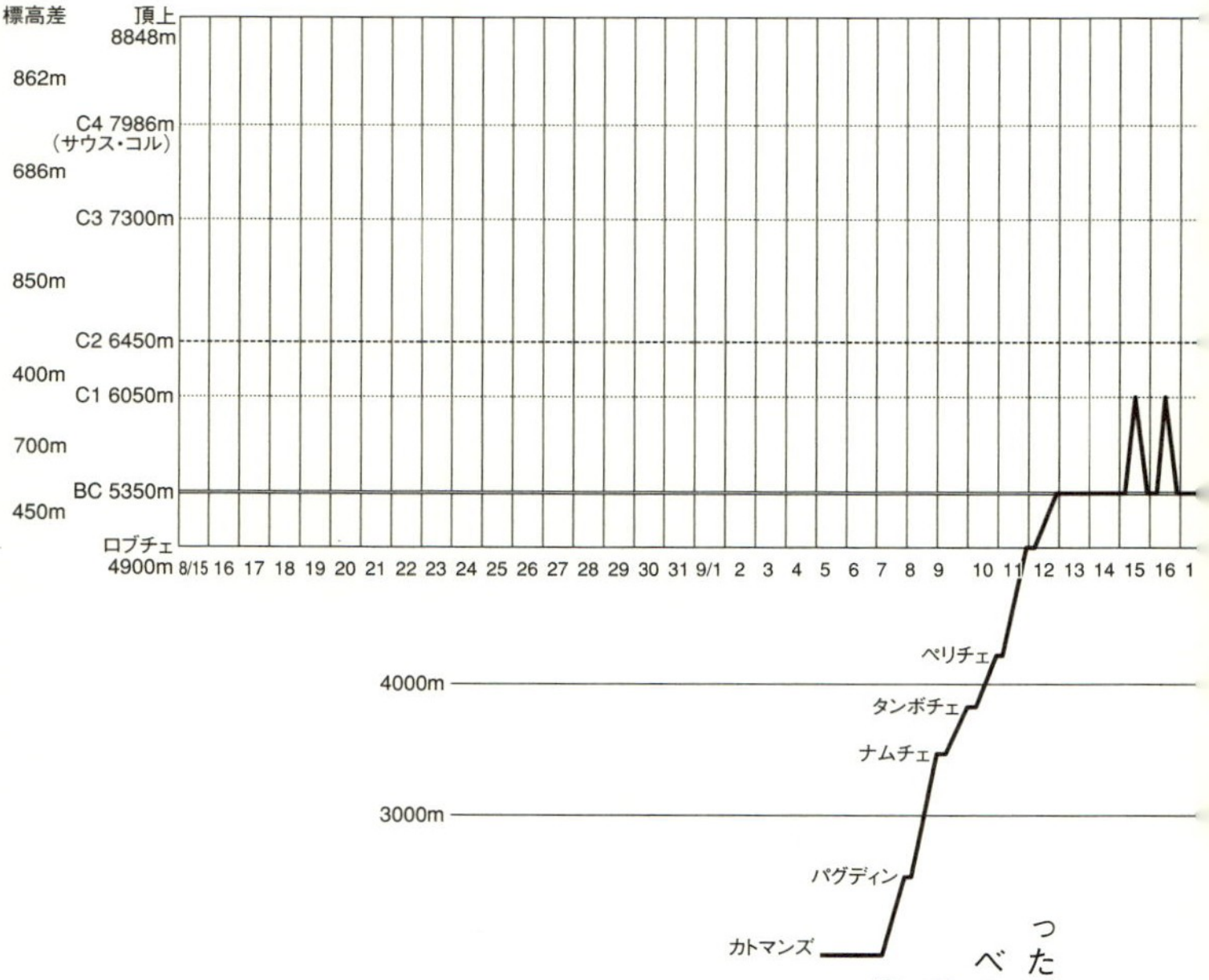

った。

ベースキャンプに戻って数日過ごし、10月15日にアタックをかけたが、途中で悪天に阻まれて撤退した。

'98 野口サガルマータ登山隊

隊　長　野口 健

隊　員　３名

日　程　1998年８月～10月

概　要　野口健、２回目のエベレスト挑戦。10月15日、8300mを最高到達点として登頂を断念した。

2000 野口チョモランマ清掃登山隊

隊　長　野口 健

隊　員　２名

日　程　2000年３月～５月

概　要　チベット側、第一次清掃登山隊。ノーマル・ルート、シェルパ22人を使い、約1.5トンのゴミを回収。

2001 野口・アジア チョモランマ清掃登山隊

隊　長　野口 健

隊　員　８名

日　程　2001年３月～５月

概　要　チベット側、第二次清掃登山隊。韓国、中国、グルジア隊員を含めた清掃隊。約1.6トンのゴミを回収。

第四章

渡邉玉枝の場合

——女性最高齢の登頂

高峰登山のベテラン

渡邉玉枝さん。高所登山の経歴からすれば、一九九一年チョー・オユー（八二〇一メートル）、一九九四年ダウラギリ（八一六七メートル）、一九九八年ガッシャーブルムⅡ峰（八〇三五メートル）という三つの八〇〇〇メートル峰の登頂記録を持つ。一九八九年南米アコンカグア（六九六〇メートル）、一九九九年天山山脈主峰ポベーダ（七四三九メートル）、二〇〇〇年ペルーアンデス、ワスカラン（六七六八メートル）、さらには二〇〇一年メキシコ、オリサバ（五六一一メートル）、同年パミール、ムスターグ・アタ（七五九五メートル）という山も訪れていた。

彼女の最初の高所登山は、北米大陸最高峰のマッキンリー（六一九四メートル）だった。

一九七七年、トウベギアルパインクラブの登攀計画に参加した彼女は、マッキンリー南壁から頂上に立った。

初めての海外登山、〈私には絶対不可能に思えたアメリカン・ダイレクト・ルートというこの岩壁ルートをたった五人（というよりは岩のルートを切り拓いたのは三人だが）で、私のような岩場の初心者を引き連れてよくも登れたものだ。人間の可能性というか、日々の積み上げによる力の大きさに、ただただ感心してしまった。堅い氷のアイゼンワーク、アイゼンの前爪だけ使って100メートル近いピッチの急な雪壁を登るつらさ。下部の岩壁のルートではアブミを使うところや、きびしいバランスでスラブ（一枚岩）を登るところ、上部にはユマールによる登攀もあり、登頂まで三十日間あまりは、私にとって何と貴重な体験となったことか。技術の修得はもちろん、自然との対し方、新しい発見と可能性を見出す日々だった気がする〉と自著に書いている。

彼女の登山歴からすれば、このバリエーション・ルートからのマッキンリーは特記されるといってもいいだろう。おそらく彼女がもつ登山観の基礎に大きく影響を与えたクライミングのひとつであることはまちがいない。三十八歳のとき、クライミングの世界では遅いデビューだった。

豊富な登山経験を持ち合わせる渡邉さんは、海外の登山で登れなかった例がない。トライした山はすべて成功を収めていた。それは確かな実力に裏打ちされたクライミング能力の証明だった。

一九九八年、僕はNHKの取材班として同行取材をしていたガッシャーブルムⅡ峰で、渡邉玉枝さんと知り合うことになった。そのときは自分と組んでエベレストに登ることになるとは思ってもみなかったが、二カ月近くにわたる登山活動を通して、この人はいずれ登る人だろうということを感じていた。テレビの仕事に関わる僕からすれば、渡邉さんがエベレストを目指すときはその模様を取材したいと、漠然とだが、そう思った。

　豊富な登山歴と人間的な魅力を兼ね備えたクライマーはそう多くはない。ガッシャーブルムⅡ峰の遠征でそう感じた僕は、渡邉さんのドキュメンタリーを撮りたいという思いがあって、その後何度かテレビ局に企画をもちかけてみたが、成立することはなかった。

　テレビは冒険することを避けようとする。映し出される山の映像は多くが遭難事故だ。登山のマイナスなイメージだけが強調されて報道されている。日本は海外に比べて、冒険などあまり社会の役に立たないと思われる分野に対して理解度が低い。冒険者たちの挑戦の歴史が、人類の進歩を創ってきたというのに……。それは国民性の問題もあるが、テレビなどの影響力に負うところもあるはずだった。成功するかわからない、あるいは一歩間違えば遭難する可能性を抱える登山は、引き受けるだけの価値があるのか、おもしろいのか、視聴率、かかる経費との兼ね合いなどさまざまな思惑で番組として成立するかどうか計られる。なかなか難しいのだ。

　時間は放っておいても流れていく。組み立てたエベレストの計画を白紙に戻すことで気持ちを整理するか、それともなんとかして実現しようとする思いを大切にするか。なにしろエベレストは費用が並大抵ではない。しかし、タイミングが大切だった。資金的な問題をなんとか解決し、二〇〇二年の春、二人のエベレスト登山隊がスタートした。

三月二十日、僕たちは順応トレーニングのため、ランタン山群の展望台ゴサインクンドに向かった。高い山に登る場合、どのような順応方法をとるかということはけっこう重要だ。たとえばチベット側に入る場合は、事前にネパール側で五〇〇〇メートルぐらいまでの順応をしておくことはとても有意義だと感じている。ネパール・中国の国境を越えてからは、いきなり四〇〇〇メートル以上のチベット高原に入るので、急激に上がる高度に体が対応できず、体調を崩す場合がある。僕は、チベットに入るときはできる限り事前の順応をしておきたいと考えている。海のレベルからやってきたわれわれ日本人にとって、体の機能がもっとも大きなダメージを受け始める四〇〇〇メートル付近の順応が大切だと思うからだ。健康な人間ならば誰でも三〇〇〇メートルくらいから低酸素の影響を受け、個人差にもよるが、頭痛、吐き気、微熱、食欲不振、嘔吐、下痢などの症状が現われてくるはずだ。それを通過しないことには先に進めないところが、高所登山の厄介なところだ。だから、なるべくうまく高山病にかかってあげることが必要だ。体に大きなダメージを感じさせないような、優しく上手な高山病のかかり方という感じだ。エクスペディションが始まると、四〇〇〇メートル前後の高度から約二カ月にわたり高山病との闘いが始まるのだ。

今回はネパール側のエベレストなので、トレッキングの途中でのんびり順応をしながらベースキャンプに向かうという方法もあったのだが、もう少し丁寧な順応をするため、プレ登山として安全で気楽なゴサインクンドを選んだ。向かう先がエベレストでなければ、ゴーキョ・ピークやカラパタールなどが気持ちよいのだが、今回は同じ方向なので違うエリアを訪ねることにした。この事前の順応トレーニングというのは、適度な期間を設定することが大切だ。短かすぎても意味ないし、あまり長すぎてもかえってくたびれてしまったり、体調を悪くしてしまう場合がある。そんなことでは行かない方がましだ。このプレ登山のよさは、万が一、調子を崩したときにカトマンズで回復を図れるという利点がある。高いところではなかなか治りにくいのだ。僕は個人的には長期間山に入る前に、一度どこかで順応するという方法が好きで、カトマンズに一旦戻れるという感覚がよいと思っている。カトマンズに戻ったら、あとは覚悟を決めて一気にベースキャンプへ向かう。異国の土地に来たときは、環境に対する順応も大切だと考えている。

今回は、基本的には二人の登山隊だが、登山料を安くするために書類上、国際隊に入れてもらっている。輸送経費、リエゾンオフィサー、コックなどの人件費、ダイニング、テント装備、食料などを共有することで安く設定することが可能だった。

登山で使う装備や酸素、食料など、僕のカトマンズに置いてある荷物を最大限利用し、その分エージェントと交渉して支払う料金を可能な限り減らし、負担を軽くするための努力をする。それと合わせて、物資輸送の準備にとりかかり、先行するわれわれのシェルパたちにベースキャンプに事前に運んでもらうための梱包を開始する。

順応トレーニングからカトマンズに戻り、そういった面倒な準備はすでに終わらせていたので、のんびりと街で休養することができた。この時間は貴重で贅沢な時間とも言えるが、お寺を見たり、カトマンズの友人とご飯を食べたり、ハガキを書いたりして四日間ほど過ごし、リラックスすることで、休養の効果を高めることに努めた。

四月一日、エベレストに向け、眠い目をこすりながらカトマンズの街を後にした。ルクラに着くと、知り合いのシェルパ、カルサンがどこからともなく現われた。なんでもベースキャンプまでわれわれと一緒に行くという。

「ところでカルサン、おまえは一体どこの隊なのだ？」

と聞くと、野口健くんの清掃隊とのこと。彼らは数日遅れてネパールに入ってくるため、彼がわれわれにつきあうことになったらしい。われわれの雇ったシェルパたちは、荷物の輸送とベースキャンプ設営で忙しいのだ。同じエージェントなので、そのようなやり方が成り立つようだ。

今回僕は、野口くんの清掃活動を撮影しながら自分のクライミングを行なうといった変則的な登山だった。僕たちは、ある程度順応できている体だったが、ペリチェとロブチェにそれぞれ二泊して、近くの五〇〇〇メートル前後の山で順応トレーニングをし、八日にベースキャンプ入りをした。二人とも調子は悪くない。初めて顔を合わすロシア人やフランス人、先行したわれわれのシェルパたちに迎えられて、五三〇〇メートルのベースキャンプに落ち着いた。

そこにはプルバがいた。一九九五年、マナスルでヒマラヤを越えるツルを撮影したときのサーダーだ。その後、何度かエベレストで会っていたが、ありがたいことに今回はわれわれの国際隊のシェルパだという。この人間は信頼できる優秀なシェルパで、抜群に強い。おまけに賭け事はしない、酒も飲まないといった、シェルパには珍しいタイプで、休養日など彼らがトランプに熱中しているときでも、一人でテントを直したり、石を動かしたりして過ごしている。僕はこういうタイプの人間が好きで、どこかに共通項があるようで親しめるのだ。

今回、われわれと登る予定のシェルパはクムジュンのアン・パサン、モンジョのラクパ・ツェリン、パンボチェのヌル・オンチューの三人。いずれも若くて強そうなシェルパだ。この日、ベースキャンプ開きが行なわれ、米を投げ、ツァンパ（ハダカ麦を炒って粉にしたもの。チベット族の主食のひとつ）を天に投げて安全祈願をした。

七〇〇〇メートルまでの順応行動

さて、どう登るか。計画の一番最初に考えることだ。次におおまかなイメージを紙に書き表わしていく。エベレストに登るためのタクティクスを考えることが計画の第一歩となる。納得のいくまで何度も線を引き直し、出来上がったものがタクティクス表というやつだ。実際の登山を予測してグラフにしたもので、こうしたものを作っておかないと、キャンプごとの荷上げ重量や、装備、食料、酸素などの数字が出てこない。大きな山を登るためにはどうしても必要な表だ。一番天候の安定する日を登頂日として、そこから逆算してスケジュールを組み立てる。エクスペディションの全体を、一枚の表にわかりやすく書くことで具体的な作業が進んでいく。

もしも、いきなりベースキャンプから高度を上げて頂上に向かうことができるならば、四日目には登頂となるわけだが、人間の体はそのように都合よくはできていない（シェルパ族のなかには、それに近いことができてしまうヤツもいるのだが……）。したがって順応トレーニングという、一見ムダなような行動を繰り返す。その設定をどのように組み立てるかが難しい。体力と順応行動は密接な関係をもってつながっているからだ。

今回のエベレストは、行動と休養のバランスをうまく配分することに気を遣うことにした。特に七〇〇〇メートルラインでは、二回往復行動のみとして、C3（七三〇〇メートル）には順応の段階では泊まらない計画を組んだ。酸素を使う登山ではそのくらいで十分だ。順応する以前に体力の消耗が勝ってしまわないよう、七〇〇〇メートルの順応が終了した段階で、一旦、しっかり休養に入り、アタックに向かうことにした。疲労を完全に回復できるだけの体力を残して順応トレーニングを終えることが、安全な登頂につながっていく。

僕は、エベレストのネパール側には二回来ていたので、だいたいのイメージができていた。渡邉さんのクライミング能力からすれば、タクティクスはごく普通に作ることで問題ないと思われた。

四月十一日、クライミング装備を身に付け、トレーニングを開始した。シェルパたちは荷上げに専念してもらい、僕と渡邉さんはアイスフォールを何度か往復することで、五〇〇〇メートルから上の高度に体を慣らしていく。ここで注意しなければいけないことは、順応の問題もさることながら、つまらないケガをしないように細心の注意を払うことが必要だ。ところが困ったことに、標高差七〇〇メートルあまりのこの氷の滝には無数のクレバスが大きく口を開け、巨大な氷塊がいつ崩れるのか予想も立たず、非常に危険で厄介な場所を登り下りしなければならなかった。運の悪いクライマーは氷の下敷きになったり、クレバスに落ちたり、事故でこれまでもたくさんの犠牲者が出ている場所だ。

早朝、まだアイスフォールに太陽が回り込んでいない時間帯の出来事だったが、いきなり目の前で巨大なビルのような塊が凄まじい音を立てて崩れ落ちたことがあった。すぐ後ろを歩いていた韓国隊がやられたと思ってあわてて下降してみたところ、必死になって歩いていたので安心したが、これぱっかりは避けようがないように思う。一瞬の差でわれわれも氷の下敷きになることが十分にあり得るのだ。昼でも夜でも気温に関係なく、常にアイスフォールは動いている。ここの通過には強運が必要だ。

最初のころ、渡邉さんは大きく広がったクレバスにかかるハシゴに苦労していたが、何度か通過するうちにしだいに慣れて、一人でも勝手に歩けるようになった。僕は野口くんの撮影で渡邉さんと行動をともにできないことがときどきあり、離れてしまうこともあったが、この人は放っておいても安全に歩けることがわかっていたので、自分のペースで順応してもらった。普通ならそういうことはしないところだが、僕が清掃隊と両方をかけもちできる理由がそこにあった。野口くんよりも格段と歩き方がうまいし、クライミングのセンスもよかった。またミスをしてクレバスに落ちているんじゃないかと、僕は渡邉さんよりもむしろ彼のほうが心配だった。

Ｃ１（六〇五〇メートル）までの順応を終え、次のステージはＣ２に二日間滞在するため四日間の予定でベースキャンプをスタートする。C1からC2までのウエスタン・クウムと呼ばれる傾斜のゆるい氷河地帯は風の通りが悪く、日射によって猛烈な暑さとなる。高度の影響もあって平らなのに歩けないといった情けない症状が現われる場所だ。渡邉さんはまったく体調を崩さない。僕はときどき立ち止まり、「先に行ってくれ」と高度が上がるたびに毎回同じ会話をするのだった。

「眠れましたかー?」

「いやー、ぜんぜん眠れなかったー」

毎朝、テントを出て交わす挨拶だ。ここC2という場所は六四五〇メートルの高度で、睡眠不足に陥る、体にも精神的にもよくないキャンプだ。どうして眠れないのかというと、要するに順応できていないわけだが、自分でもこれほど眠れないものかと毎度のことながらあきれるばかりだ。眠ろうなんて考えはとっくに放棄しているが、それでも少しでも眠れたらありがたいと欲を出す。この高度は、横になっていればそれでいいと考えるべきだ。毎日、頭痛をかかえ、気の狂いそうな長い夜を過ごすのがオチだった。

「眠れましたかー?」

「うん、少しね、眠れました」

眠れたのか、眠れちゃったのか。渡邉さんは高度に強い。必ず先に順応する。いつだって僕のほうが調子悪い。特にこのＣ２の朝はすこぶる気分がすぐれない。僕がほとんど無口になっているのに比べ、渡邉さんはいかにも楽しげで元気だ。僕は頭痛薬と胃薬を飲みながら、相変わらず冴えない顔をして、ご機嫌斜めの生活を送るのだった。

三月二十三日、ベースキャンプでＣ２、Ｃ３、Ｃ４へ上げる荷作りを始めた。高所用の個人装備、アルファ米を中心とした高所食、酸素、燃料などを各キャンプごとに表示して袋に詰めていく。あとはシェルパに指示を出せば、とりあえずの必要な作業は完了する。三日間の休養で体を回復させ、次のステージへとつなげていくには、質の高い休養の取り方が大切だ。栄養の補給と睡眠、精神的なストレスを溜めずにのんびり過ごすこと。五三〇〇メートルのベースキャンプでは、いよいよ順応もできてきて、よく眠れるようになってくる。

〝眠れる〟と〝眠れない〟では雲泥の差、まるで気分が違うのだ。

人間の体はよくできている。「眠れない」というのは、体が眠らせないように反応しているのだ。眠ることによって呼吸数が減り、酸素の取り入れ能力が落ちてくる。それを避けるために「眠らせない」という形で信号を送り、まだ環境に慣れていないということを伝える役目を果たしている。要するに、高所に順応できているかどうかを示すわかりやすいバロメーターと思っていいだろう。体が正常な反応をしていると思えば、「眠れない」ことも自然とあきらめがつくというものだ。

三月二十六日、僕たちは最後の順応行動のため、C3に向けベースキャンプをあとにした。アイスフォールを抜け、C1を飛ばしてダイレクトにC2へと向かう。体の調子は悪くない。少しは自分で荷上げでもするかと、けっこう重い荷を背負ってのC2入りだ。渡邉さんも何を持ってきているのか、けっこう重たい荷物を背負っている。この日、C1から天候が悪くなり雪が降り始めた。視界がまったくなくなり、ウエスタン・クウムのだだっ広い雪原は、わずかなトレースを残して何も見えなくなった。うっかりトレースをはずすと、非常に危険な状態に陥ることがわかっていたので慎重に行動したが、うんざりするような長い距離と、天候の悪化に伴って消耗が激しくなった。もうすぐそこにC2のキャンプが見えているのに、僕は高度の影響で歩くことができなくなってしまった。やめておけばいいものを、荷物の持ちすぎだ。すぐそこにあるC2まで、どうしてもたどり着けない。手足はしびれ、僕は何度もザックを下ろして休んだ。そのころになると激しい吹雪に変わり、体温が奪われ始めていた。体が思うように動かない。

「ヤバイなあ。こんなところで遭難すると、かっこ悪いんだよなー」

と思いながらも、やっとのことでC2にたどり着き、テントのなかに転がり込んだ。見れば渡邉さんもけっこう消耗してひっくり返っている。

歩けなくなった理由は、順応がまだできていないからだった。歩行速度を見れば、そんなことは簡単にわかるのだ。強風でキッチンテントが壊れて食事をとることもできず、水分だけとって休むことにした。その夜、南西壁から吹き下ろしてくる猛烈な風でテントは一晩中揺すられ、眠れない夜を過ごした。ジェット機の爆音を聞いているような恐ろしい夜を過ごさなければならなかった。

翌朝、無事に二人ともテントから這い出て周りを見ると、張られているほとんどのテントが壊滅していた。その日は、われわれの壊れたキッチンテントを修理して一日が終わった。

四月二十八日、広大なローツェ・フェースに取り付いた。下部数ピッチは急傾斜の硬い氷壁が続く。フラットな場所がないため、座って休めるような場所はない。足首が痛くなる登りだ。それぞれ自分のペースで固定ロープをたどってゆく。やがて高度が上がるに従って息をつく回数が増えてくる。初期の七〇〇〇メートル前後はけっこうきつい。酸素が少ないことが実感として体に伝わる高度だ。相当がんばらないと、七三〇〇メートルのC3にはたどり着けない。僕たちはC3にできる限り長く滞在して、C2に下降した。

天候がまた悪くなり、二日間おいて再びローツェ・フェースに取り付いた。タイミング悪く、どこの公募隊だか十人ぐらいのカタマリが僕たちの頭上をゆっくりと登っていく。歩き方を見ればすぐわかることだが、そのなかには初心者も混じっていて硬い氷にてこずっているようだった。

「玉枝さん、気をつけろよ！」

「わかってる！」

「三番目のヤツ落っこってくるぞ、巻き込まれないようにしないと」

本来、来てはいけない人間が、ロープが張ってあるばかりに来られてしまうのだ。その延長がエベレストにもつながってゆく。恐ろしいことだ。

「どうしてあんなのが、こんな硬い氷の斜面を登っているんだ？」

この現象は、エベレストを登るにはまだ早すぎる登山者を、ビジネスとして登らせようとするところに問題がある。こんな場所でアイゼンワークの訓練をしているような人は、来てはいけないのだ。僕たちはときどき、ほかの登山隊の不思議な行動やら歩き方を見て感心するのだった。

困るのは、大きなグループで来ている人たちだ。前の人に遅れないようについて行こうとするのはいいのだが、まったく道を譲ってくれない。僕たちは何度もそれで立ち止まらされた。歩くのが遅い人は「どうぞお先に」と譲ってくれればいいものを、周りの状況も自分の様子も見えていないのか、黙々とスローペースで歩き続ける。しばらくそのスピードに従って歩いても、譲ってくれない人にはときどき声をかけた。

「先に行くことはできるかな？」

そんなこと言われなくてもわかると思うのだが、どういうつもりで、後ろから来る人を気にもしないでそんなに遅く歩けるのだろう。

七〇〇〇メートルあたりで僕のアイゼンが壊れたのでそこでやめた。二回ほどこの高度を超えれば、事前のトレーニングはよしとして下降した。このステージでは天候が悪かったせいもあって、Ｃ２に六泊もいた。これは長すぎる滞在だ。本当は四泊程度で十分だった。相変わらずの睡眠不足には悩まされたが、この最後の順応ステージを終え、酸素、装備、食料などの点検をして僕たちはベースキャンプに下りた。翌日、サウス・コルまでの荷上げをシェルパにまかせ、サーダーと簡単な打ち合わせをして四三五〇メートルのディンボチェに向かった。

頂上を目指して

僕たちは毎日、ディンボチェからローツェを眺めていた。まだ雪煙が上がっていて、上空は強い風が吹いているのがよくわかる。この白い煙が消えるといよいよヒマラヤの冬が終わり、モンスーンとの間のわずかな好天が訪れる。エベレストはタイミングだから、早過ぎても遅過ぎても登頂のチャンスを逃すことになる。休養中に天候が安定してしまうと、急いでベースキャンプに戻る必要があると考えていたが、ローツェの右側が白い間は、ゆっくり休養していても安心なのだ。

ロシアの登山家、アナトリ・ブクレーエフの行程表によれば、さらに足を延ばしてデボチェで二日間過ごしている。緑の豊富な環境と三七七〇メートルの標高は、体を回復させるにはとてもよい場所だ。僕たちは広々としたペリチェとディンボチェに、合わせて四日間滞在した。

昼間は退屈なので散歩をしたり、写真を撮ったりして過ごした。夜はハガキを書いたり本を読んだりして時間が過ぎていった。高所で蓄積した疲労を回復させるためには、こうした酸素の濃い場所でのんびり過ごすことが効果的だ。また、環境を変えることで気分転換を図り、一旦クライミングを忘れて英気を養うことができる。

五月七日、僕たちは再びベースキャンプへ向け歩き出した。ディンボチェのおばちゃんは「帰りにまた寄りなさい」と笑顔で送り出してくれた。通い慣れた道をたどり、ベースキャンプに戻ると、わが家に帰ったような安心感に包まれた。すでにこのベースキャンプは自分たちにとって気分の落ち着く環境となっている。エベレストとの距離が近づいた感覚だった。しばらくは天候が安定する日を待たなければならない。毎日、空の状態を観察し、いつスタートするかタイミングを計る。過去のデータから割り出した登頂確率の一番高い日に当たるのが五月十五日だ。サーダーとの打ち合わせで、その日から逆算してベースキャンプをスタートすることに決定した。同時に野口くんも、僕たちのスタートに合わせてサウス・コルの清掃に向かう計画を組んだ。それまでは予定どおりベースキャンプでのんびりと休養をとることにする。渡邉さんはまめに洗濯をしたり、本を読んだりしてベースキャンプでの生活を楽しんでいるようだった。

「See you at south-col」

五月十二日、午前五時四十分、シェルパとサウス・コルで合流することを約束して僕たちは静かにベースキャンプをあとにした。緊張感がまるでない。二人とも日本を出るときから、エベレストに登頂するのが当たり前のようにリラックスしている。いいことだ。渡邉さんの自然体な動きはまるで不安を感じさせない。普通に来て普通に登るといった感覚。まるでちょっと八ヶ岳にでも行くような感覚といったらいいのか。

サウス・コルまで、僕は清掃隊の撮影をしながら行かなければならなかったので、渡邉さんには適当に行動してもらうことにした。この簡単なようなことが難しい。相手のクライミング能力を信用していなければなかなかできないことだ。この人のすごさは、自分の判断で八〇〇〇メートル級の山に登る力を持っていることだ。だから僕は撮影に意識を集中することが可能だった。

アイスフォール上部に入ると、いきなりズシンという音響とともに強いショックが全身に走った。広範囲にわたって氷河が陥没した。清掃隊で来ている韓国のリーさんが真っ青な顔をして走ってきた。案の定、野口くんがクレバス帯の真ん中で立ち往生しているところだった。無線で安全を確認してホッとしたが、いつものことながらアイスフォールは気が抜けない嫌な場所なのだ。

僕たちはその日、C2までダイレクトに入った。以前よりいいペースで、時間もだいぶ短縮した。これが順応と休養の効果なのだ。その日の夜はさすがに眠れるだろうと思ったが、眠れなかった。

翌朝、再びご機嫌斜めの僕と、たいへんご機嫌のよろしい渡邉さんは、ローツェ・フェースへのだだっ広い雪原を口もきかずに黙々と歩いた。取付辺りに来ると太陽が射し、無風の登高は暑さで僕たちを苦しめた。C3直下のテントの残骸を野口くんたちが清掃するとのことで撮影の準備をはじめた。こんなの放っておけばいいのにと思いつつも、こういうヤツも必要なのかなと思いながら、僕はその清掃活動を記録した。撮影が終わってC3に着くと、渡邉さんがお茶を沸かして待っていてくれた。ここからは冬山のテント生活が始まる。繰り返し何度もやってきたいつもの水作りや、食事を作ったりした。

C3からは睡眠用として酸素を使用する計画だった。ようやくここから睡眠がとれるのだ。酸素を使う高い山は、標高が上がって初めて眠れるというヘンな世界だ。裏を返せば消耗するだけのロクでもない環境なのだ。

五月十四日、僕は野口くんに付き合うことにして、渡邉さんには先行してもらうことにした。

「サウス・コルには昼過ぎぐらいまでに着くように登らないと、途中で酸素がなくなるから適当に流量を調節して登ってください」

と告げ、僕はＣ３で渡邉さんを見送った。

ルートはローツェを目指して直上する登りがしばらく続く。黄色い帯の走った岩壁帯〝ピストル岩〟を越え、カメラを取り出して野口くんの登っているシーンを撮影する。酸素を吸って登る彼と一緒に行動すると消耗するので、ここから僕もマスクを付け、また彼を追い抜いてカメラを構える。ジェネバ・スパー手前の歩きにくいロックバンドをトラバースし、五〇メートル程の急な壁をユマーリングして越えた後は、サウス・コルに続くゆるいトラバースだ。野口くんは七七〇〇メートルあたりから急激にスピードが落ちはじめていた。

「おまえ、本当にエベレストに登ったのか？」

これはいつもの会話だ。彼はこのあたりの高度が弱いのか、以前にもそのように感じたことがあった。あるいは気のせいでただ単に弱いのか、それでもがんばってサウス・コルにやって来て清掃を始めた。こんなところはどうでもいいんだけどなあ。でも、こういうヤツも世の中の役に立つこともあるのだから、たいしたものだと思いながら撮影を開始した。

テントの張ってある場所から少しチベット側に寄ったところに遺体があるという。多くのシェルパたちは嫌がって近づこうとしない。清掃隊のシェルパたちは十人あまりでロープで引きずり、ネパール側の大きな岩のたもとに石を積んで埋葬した。いままでたくさんの遺体を見てきたが、人目にさらされるようなルート上にある遺体は、できれば移動させてあげるか、石を積んで葬ってあげたい。時には落とすことも必要だ。野口くんはなかなかいいことをしてるじゃないかと感心した。その日、清掃隊はゴミを拾い、サウス・コルには滞在せずに下降していった。

テントに入ると渡邉さんがお茶を沸かして待っていてくれた。ありがたいことだった。

僕の撮影の仕事はサウス・コルまでだ。ここからは自分たちのクライミングのことだけを考えればよい。この先はムービーを持たない。スチールだけで記録する。最初から今回のエベレストに関してはムービーでの記録はしないことに決めていたが、ここに来てまだ少し迷いがあった。記録を残すことはとても大切なことだ。さんざん迷ったが、ムービーカメラはやはりサウス・コルに置いていくことにした。八〇〇〇メートルを超えてここから先は、渡邉さんにとって未知の領域だ。僕は登ること以外の余計な作業は極力省きたかった。特にムービーを持つことは仕事の感覚から離れることができないし、それはとても危険なことのように思えた。ムービーを回すことはすなわち消耗を意味する。中途半端な撮り方はダメだ。ちゃんと計算して撮っていくには、どうしても渡邉さんから距離をおいて撮影をすることにつながる。たぶんそれは十分成り立つことだとは思ったが、僕はいかなる状況にも対応できるようにムービーを撮ることをやめた。そうでなくても、八〇〇〇メートルを超えれば意識は散漫になる。自分の持つ力を安全のために集中するためには、僕の能力ではそれほどたくさんのことができないのだ。

　また、撮影することで仕事につながってしまうことが嫌だった。僕は一人の登山者として、あるいは二人のチームとして登りたかったし、そのためのムービーは必要なかった。もし僕の職業がカメラマンでなければ、ムービーを回していただろう。しかし、記録として残すことは重要なこと。六十三歳の女性の登頂という、世界的な記録が生まれるのだ。でも、僕はやはり撮影することは止めようと思った。少なくともエベレストは仕事ではないし、頂上に着いたときにカメラを回すのは嫌だった。その瞬間を大切にしたいと思った。それがチームを組んだ相手への礼儀のように感じたからだ。僕はスチールカメラを二台持っていくことにした。

エベレスト登頂

　夕方、水作りも終え、眠ることにした。といっても二時間ほどで起床して、出発の準備にとりかからなければならない。サウス・コルから頂上までの時間を予測してみると、われわれのスピードで十〜十二時間、下降に六時間という数字が見えてくる。なんのアクシデントもなく、といった条件下での計算だ。遅くとも午前中には頂上に着いていたいし、できる限り早く着くことが安全性につながっていく。そのためにはサウス・コルを前夜スタートする必要があった。横になったのも束の間、あわただしく出発の準備を始める。気分はまるで乗ってこない。風が強すぎるのだ。バタつくテントの音と降り始めた雪が気分を重くする。こういう時にスタートすると失敗する。僕はヘッドランプをつけてシェルパのテントに行き、出発を翌日に変更しようと提案した。シェルパたちはもうそのつもりで休んでいた。気合が抜けたが、ゆっくり休めると思うとホッとする停滞でもあった。僕たちはお茶を沸かしてくつろぎ、再びシュラフにもぐり込んだ。

翌十五日、うれしいことに天候が回復した。ときどき酸素を吸って消耗しないように体を休めるが、日中はそこらへんを散歩したりして過ごした。サウス・コルは今日登ってきた人たちも加わって、多くのテントが所狭しと建てられた。大きな公募隊チームのシェルパ数名がルート工作に登っていった。僕たちは鋭く天を突くエベレストを眺めながら一日を過ごした。

二十一時五十分、星空の下、サウス・コルをスタートした。夜の登高は酸素マスクを着けていても、ゴーグルを着けないですむからストレスがたまらない。暗闇の行動はどこか新鮮だ。しばらくはゆるい登りが続き、だんだん傾斜がきつくなってくる。そのあたりから連なって登る列から遅れる人間が現われはじめる。一体何人の人間が、この暗闇のなかを登っているのだろうか。無数のヘッドランプが一列に並んで、ただアイゼンのきしむ音とフィックスロープを擦るユマールの音だけが響いた。僕はときどきユマールをロープに掛けることをためらった。この人数が一本のロープにつながっている光景が恐ろしくないのか。切れれば間違いなく引っ張られて大量の滑落が予想されるのだ。何も考えずに、ただ前の人の足元だけを見て登っている人がたくさんいるように思えた。そのなかにいて危険性を理解しながら、一緒にいることがなおさら怖かった。僕と渡邉さんは行列の先頭のほうを歩いていた。昨日、シェルパたちによってつけられたトレースまで到達すると、その先からとたんにペースが落ちた。シェルパたちはロープを張りながらルートを延ばしていく。なかなか雪が深くて進まなかった。どこを登っているのかもよくわからず、待っている間、ピッケルにもたれて眠ってしまうことが何度か続いた。

午前三時ころ、稜線に飛び出るとようやく自分の位置が確認できた。バルコニーと呼ばれる、数張りテントが張れるフラットなスペースが現われる。長い夜が終わり、チベット側から明けはじめた。やがてぼんやりと後方に見えていたマカルーが、薄い光を受けて輝きはじめた。待ち望んだ朝日が僕たちを包み、夢中でシャッターを切る。渡邉さんの歩行にまったく不安はない。

「なんだか酸素マスクをはずして歩いた方が呼吸が楽だわ」

それまでほとんど会話を交わさず登り続けていたが、渡邉さんには十分余裕が感じとれた。

イエローバンドにさしかかると、部分的に力を使う岩場がいくつか現われた。越えることができずに動けなくなっている人もたくさんいた。急勾配の雪と岩のミックスした斜面を登っていくと、いきなり目の前にエベレストが飛び込んできた。自分のいる場所が南峰だということがすぐにわかった。ここからはエベレストへの稜線が真正面によく見える。それまで見たこともない、堂々としたエベレストが目の前に聳えていた。二時間もあれば頂上に着きそうだ。ここからは先へ進むかそれとも引き返すか、時間や天候によっては大きく判断を迫られる場所だ。僕は何枚もシャッターを切った。ここからエベレストを撮るために、一九ミリの広角レンズを着けてきたのだ。

南峰から二〇メートルぐらい下り、南西壁を上から見下ろすように細い稜線をトラバースする。右側はカンシュン氷河に向かってすっぱり切れ落ちている。少し歩くとあの有名な〝ヒラリー・ステップ〟に出た。一〇メートルぐらいの岩場で、古いロープがたくさんぶらさがっていた。そのなかから丈夫そうなロープにユマールを取り付け、別のロープにカラビナを掛けた。腕力でガリガリとアイゼンの先端歯を岩に引っ掛けて登ると、わけなくヒラリー・ステップの上に出た。なるほど、しかし最初に来たヒラリーは苦労しただろうなと思った。また、女性最初のサミッター田部井淳子さんも、この細い稜線をあの時代にたった二人でよく通過したなと感心した。トレースのない細い稜線をエベレストに向かって南峰を一歩踏み出すとき、田部井さんはどう思ったのだろう。何人も登られた現在でさえ、彼女の歩いた同じ道をたどってみて、よく登ったなあと改めて感じることだった。

小さな岩場を回り込むと、もう後はゆるい斜面がまっすぐ頂上に続いていた。先行して待っていてくれた渡邉さんと頂上直下で合流し、やがて茶褐色のチベット側が眼下に大きく広がってくると、その先にはもう高い場所はなかった。そこは紛れもなく地球でいちばん高いところだった。エベレストの抜けるような蒼い空のもとで、僕たちは登頂を喜び合った。午前九時三十分、サウス・コルを前夜スタートして、十時間四十分の時が流れていた。

握手をかわし、持ってきたカタ（幸運をもたらすといわれる白い布）を頂上のポールに結びつけた。僕はマスクをはずし何枚もの写真を撮った。

いつまでもそこにいたかったがそうもいかず、一時間ほど滞在して僕たちはエベレストの頂上をあとにした。後続のクライマーたちが入れ替わるようにして頂上を目指していく。ヒラリー・ステップまで下りると、突然先に進めなくなった。これが例の渋滞というやつだった。登るクライマーは必死だから、なかなか下りてくる人にルートを譲ってくれない。どちらにしても先を急ぎたい気持ちは変わらない。頂上を目指す人は一刻も早く登りたいし、下降する者は速やかに安全圏に戻りたいと思うわけで、時間のロスはこの高所ではお互いにとってとても危険なことだった。

時間の経過とともに確実に酸素の量が減っていく。十分過ぎるほどの酸素は持ってくることができないから、このような計算外となる酸素の消失は事態を極めて悪くする場合がある。超高所での滞在は、一分でも一秒でも短ければそれに越したことはない。時間こそがすべてだった。

下降中にすれ違った人のなかには、もう引き返した方がいいのではないかと思うほどひどく消耗している人もいた。時間的に考えても、ペースの遅すぎる人がたくさん頂上を目指していた。僕たちはほとんど休むことなく、サウス・コルまで下降した。翌々日にはもうベースキャンプですっかりくつろいでいた。

僕たちは普通に登り、ごく当たり前に下りてきた。たいしたドラマチックな話があるわけでもなく、普段の山登りの延長線上にエベレストがあった。

「こういうのがいいんだよな」

三日間のトレッキングを楽しみ、カトマンズに戻った。そこでは渡邉さんのインタビューが待っていた。たくさんの取材にとまどう渡邉さんの姿が、見ていて愉快だった。

登頂成功のニュースは日本の新聞にも大きく取り扱われていた。

〈そしてこのエベレストの新聞報道の様子がどんなものだったのかを知るのは、まだまだ先の六月に帰国してからのことだ。何人かの友人が、自分でもあれだけの新聞を集めることは不可能だと思うくらいにたくさんの掲載紙を、私のところに送ってくださっていた。これはありがたいことだと、ほんとうに感謝している。この新聞がなければ、半月後に帰国した私には報道の様子を知ることはできなかった。そして、またまた新聞を見てその大きな扱いにとまどってしまったのである。私としては、今回のエベレスト登頂は一般ルートから登り、酸素も吸いと、まったく平凡な登山であり、年齢だけは新記録だったかもしれないが、それほど大きな扱いをしてもらえる登山ではないと思っていたからである〉

渡邉さんの著書『63歳のエヴェレスト』（白水社刊）にはそのように記されていた。

こういう感覚がやっぱりいいんだな。生家が富士登山のガイドである「御師《おし》」の家だったという。渡邉さんらしい登山観や人間性がそこにひっそりと表われていた。

渡邉玉枝さんとエベレスト。出来上がった写真にはみごとに世界最高峰とバランスのとれた美しい姿が写し出されていた。

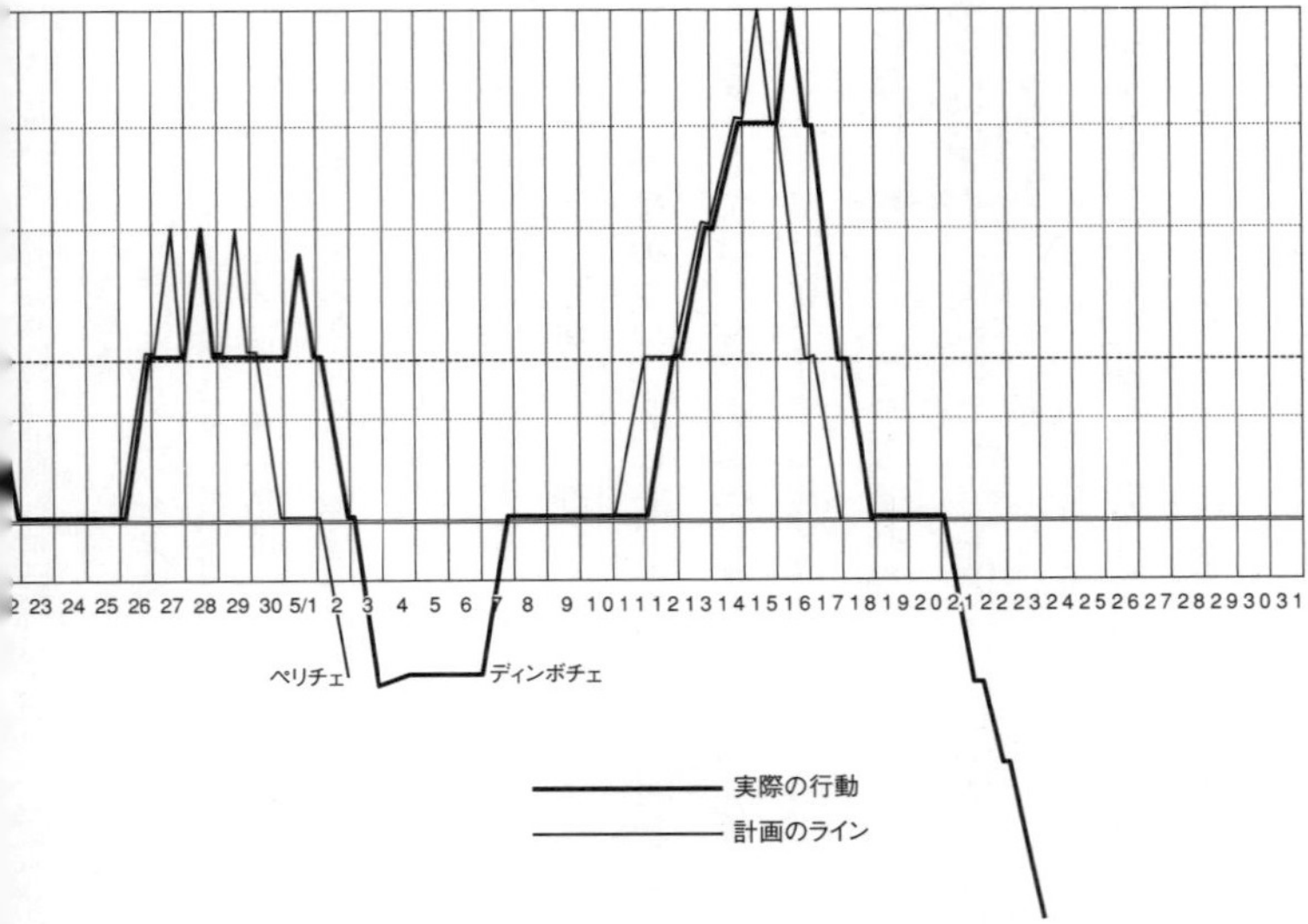

ランタン谷で高所順応

エベレストに向かう前にランタン・ヒマールのゴサインクンドで8日間の事前トレーニングを行なった。カトマンズから近く、短期間で5000メートル近くまで体験できるので、順応トレーニングの場所としては最適だ。

ベースキャンプからは2回アイスフォールを6000メートルまで往復した後、大きく3回の順応スケジュールを作った。3回目の順応ではABCに6泊もした。長すぎる滞在だが、これは天候が崩れたせいで、計画では4日間の予定だった。7000メートルラインまで2回の往復をして、すべての順応トレーニングを終了した。

休養はディンボチェ（4300メートル）で滞在し、ベースキャンプに戻ってから4日後、アタックのため上部に向かう。サウス・コルで天候が悪化し、1日滞在してのアタックとなったが、連続行動をしなかった分、休養がとれてかえって楽に登頂できたような気がした。

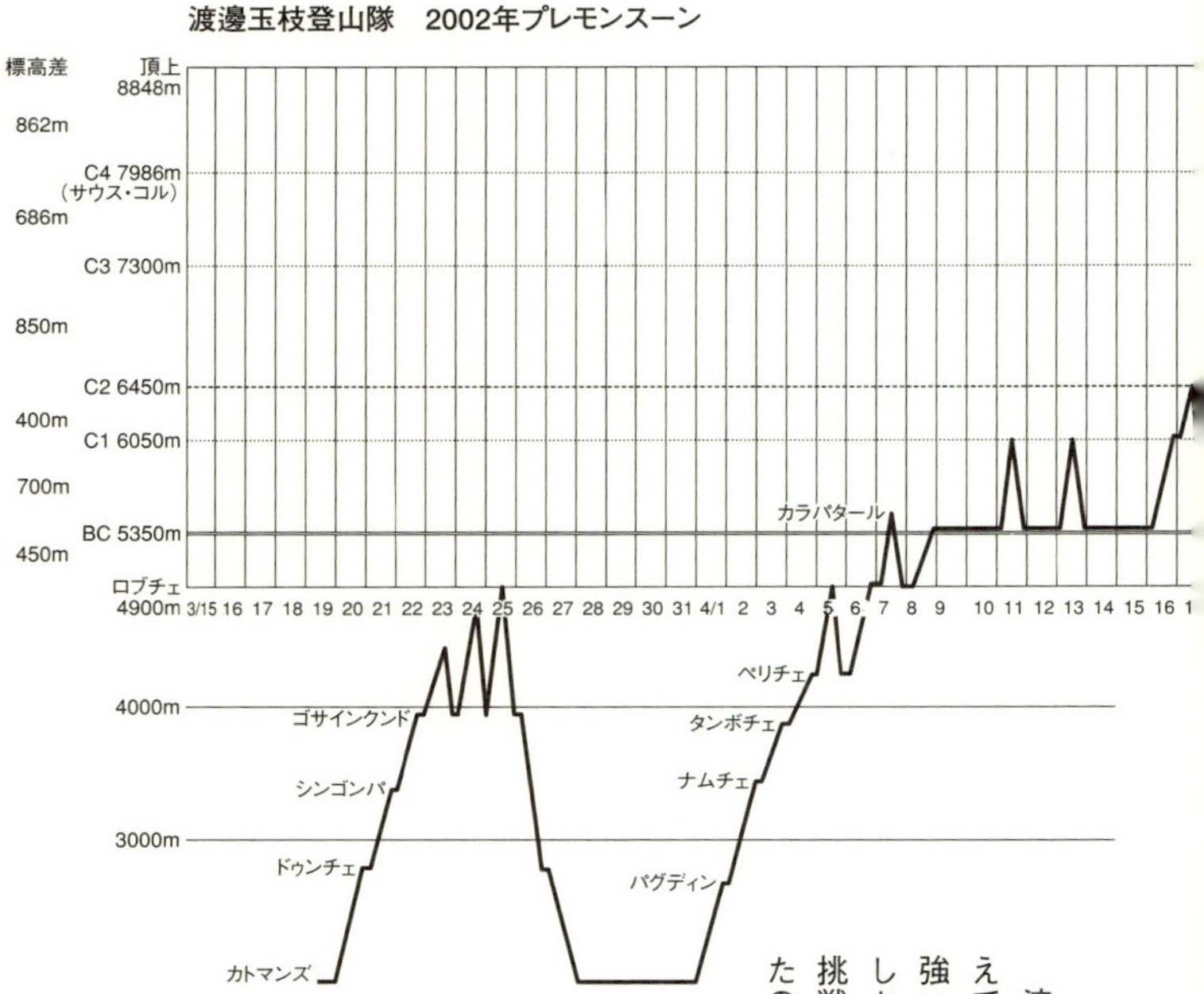

渡邉さんの63歳という年齢をどのように捉えていいのかわからなかったが、予想以上に強い人だったので、なんの問題もなかった。しかし、過去60歳以上のクライマーが何人も挑戦し、途中で脱落していることを知っていたので、計画は丁寧に組み立てた。個人差によるところが多いかと思うが、渡邉玉枝さんの登山歴は、当然のエベレスト登頂を物語っている。

International Everest Expedition 2002

隊　長　村口徳行

隊　員　1人

日　程　2002年3月～5月

概　要　5月16日、南東稜ノーマル・ルートから登頂。日本人2名、シェルパ3名が登頂した。女性最高齢63歳の登頂記録樹立。

第五章

三浦雄一郎の場合

——世界最高齢七十歳の登頂

たったひとつの

午前零時、激しく揺れるテントのなかで、僕たちは出発の準備を始めた。

「この風のなかを出発できるのか？」

予定では、サウス・コルから上がってくるシェルパたちと合流して頂上を目指す、ということまでは決まっていたのだが……。

登頂アタックと決めていた五月二十一日未明、サウス・コルを出発した強力なシェルパ三人は、あまりの強風に追い返された。

吹き荒れる烈風に、C5は釘づけにされた。

この八四〇〇メートルを超える高所で、長く滞在することは極めて危険だ。

すでにベースキャンプを発って、十日以上が経過している。

もう十分すぎるほどの高所滞在だ。一刻も早く頂上を踏んで、低い所に戻りたいと考えてはいたが、こちらの都合に合わせてくれるほど自然は甘くない。消耗、いや衰退をできる限り抑えないと、このままでは頂上に届かなくなる。

僕たちが置かれた状況はあまりよいとはいえない。空気中の酸素が少ないということが、どれほど人間の持つ能力を低下させているのか。ところが、僕たちの脳はしっかり働いていた。あるいは狂っていたのか……。

〈一度組み立てたタクティクスをすべて壊し、修正を加えてまた組替え直す。シェルパの能力を考えれば、限られたものしかここへは上げられない。正確な数字が必要だ。いつものいいかげんな調子じゃダメだ。余分なものは切り捨てる。

僕と豪太の酸素は十分ではない。それも承知でギリギリの計画を組む。

頂上に向かうためのタクティクス、それと同時にどのタイミングでここから脱出するか。

この強い風が続けば、これ以上の登高ができなくなることは解かっていた。C5に滞在できる時間はあと1日。すなわち今日だけ。

三浦隊長が予想外なことを言った。

「もしこの天候でアタックがかけられなければ、一度、C2まで下りて態勢を整えてもう一度来ればいい。それはできることだろうか……」

〈マジかよ！　恐ろしいことを考える人だな〉

「可能だと思います」

一度降りたらもう再び登ってなんかこれやしない。そんなことは解かっていた。酸素の数も、食料も、燃料も、それを荷上げするシェルパさえも、モンスーン前の残されたわずかな期間で整えるのは無理なことだった。遭難してもおかしくないような状況の中で、もう一度組み立て直してでも登りたいという気持ちが痛いぐらいに伝わってきた。

強風に叩かれ揺れる狭いテントの中で、おそらくその頂上に向かう作戦として、極めてまじめな話をしたのはこの時ぐらいだったのではないだろうか。

そこには生存することすら困難な場所において、ただ一点を見つめつづけようとする三浦隊長の熱い意志が、大きく存在感をもってみんなに伝わっていた。

たったひとつの登りたいという三浦さんの思いが、おそろしくもまた誰よりも抜きんでて光っていた。

その形が登頂成功に結びついた。おそるべしバラサーブだ〉

三浦さんの著書『高く遠い夢　70歳エベレスト登頂記』（双葉社刊）に書き下ろした僕の文章だ。

そのとき、つくづく成功してよかったと改めて思った記憶があった。

再びエベレストへ

二〇〇二年春、チョー・オユーから下りてきていた三浦雄一郎さんたちとカトマンズでお会いしたのが、このエベレスト計画への最初の接点だった。

三浦さんたちはエベレスト登頂のため、二年前からメラ・ピーク、アイランド・ピーク、パルチャモ、チョー・オユーなど、ヒマラヤでのトレーニングを行なっていた。

三浦さんは一九七〇年、サウス・コルから極限のスキー滑走を試みた冒険スキーヤーとして知られている。エベレストの歴史において、その滑降は今もなお鮮烈な記憶として人々の心のなかに刻まれている。

その彼が、それから約三十年を経て再びエベレストを目指そうという。気がつけば、冒険家としての熱がいつの間にか薄れていた自分にハッとする。父の敬三、次男豪太の活躍を間近で見るにしたがって「オレはいったいなんなんだ」と……。

自分は世界の冒険家のはずだろうというプライドが、七十歳のエベレストへ駆り立てる最初の出発点だったという。体の衰えや故障を抱え、さらにチャレンジする気持ちの衰退、あきらめ、夢の消えていく寂しさを少しずつ感じながら、不可能かもしれないけれど、もう一度やってみようと、その思いが再びエベレストへとつながっていく。

翌年、僕の参加が決まり、十一月、三浦さんのトレーニングにつきあうことになった。メンバーは三浦雄一郎さん、三浦豪太くん、五十嵐和哉さんと僕の四人。ネパール、アイランド・ピークへ向かうべく十一月十日、日本を後にした。エベレストへ向けてのヒマラヤでの最後のトレーニングだ。

カトマンズでは鍋を中心にした食材をそろえ、十六日、ルクラへ飛んだ。パグディンの近くでドゥドゥ・コシを渡ってくる西洋人が、スキーを背負っていたのがいけなかった。なんでも、チョー・ラという所には雪がたくさんあって、スキーが楽しめるということがわかり、橋を渡り終えると、突然、三浦さんがチョー・ラへ行こうと言い出した。困ったのはサーダー、ラクパ・テンジン氏だ。彼にしては珍しく困惑の表情を浮かべている。アイランド・ピークはどうなってしまうのか、そのつもりで準備してきたわけだが、僕は少々唖然とした。一体この人はどういう人なんだ、とそのとき思ったものだった。

夕方になると鍋の準備にすべてのエネルギーを投入した。飽きもせず、毎日毎日、献立は鍋の連続だった。この人たちはどういう人なのかと、僕は不思議なものでも見るような気分で鍋の準備を手伝うのだった。中身の品を変え、ときどき変化をつけてやはり鍋にする。三浦さんは、気に入った献立は毎日のように食べる生活が好みのようだった。

エベレストの見える、五五〇〇メートルのチョー・ラにキャンプを張り、数日にわたってスキートレーニングに励んだ。約一カ月にわたるトレッキングで、僕は三浦さんの考え方や歩き方、高度に対する反応などを観察した。また三浦さんたちは僕がどのような人間なのか、どんな絵を撮るのかを見ただろう。シェルパたちともよい関係をつくることができて、まずは大成功のうちにトレッキングを終えた。

カトマンズに下りて、僕は一気にエベレストの行動表を作った。一緒に歩いてみた感じで、おそらく可能と思われるタクティクスを組んでみた。これは今後の検討資料として必要になる大切な作業だ。登頂時期は最も天候が安定すると思われる五月中旬に合わせて、そこからスケジュールを組み立てていく。四月上旬にBC入りして、三回の高所順応行動をした後アタックをかける、というのがおおまかな基本案だ。往復行動の一回目はC1（六〇〇〇メートル）、二回目はC2（六四五〇メートル）、三回目はC3（七三〇〇メートル）、良質な休養を取り入れながら少しずつ高度を上げて体を慣らしていく。アタック直前には四〇〇〇メートル付近まで下って、そこでゆっくり休養する。このタクティクス案は、春に渡邉玉枝さんとエベレストを登ったときの行動を基本として組み立ててみた。もちろん個人差もあるし、体力、経験、技術などの違いによって、その特徴をよく理解して組み立てることが大切だ。このトレッキングで、三浦さんが体力的に優れていることを十分感じたし、三浦隊のチーム力からすれば、この案はほぼ完成に近いものと思われた。

日本に戻って検討を重ねた結果、三浦さんの意向もあってキャンプはもうひとつ、八五〇〇メートルのバルコニーと呼ばれる場所に設営することになった。かつてヒラリーとテンジン、あるいは植村直己さんたちは、この超高所から頂上に向かった。滞在するには標高が高過ぎることが少々気にはなったが、できないことではなかった。

高所での滞在時間が長くなり、天候などの急変によって危険な状況に追い込まれるリスクはあるが、頂上までの長時間行動をしないですむといったメリットもある。しかし、現在ではほとんどの登山隊がサウス・コルから一日で頂上を往復する。荷上げのことや、酸素の量などを考えると、キャンプ数が少ない方が労力は少なくてすむからだ。さらに、そういう問題よりも、高度に対する恐怖のほうが漠然と感じられた。さらに、三浦さんの考え方は非常に丁寧だった。それは七十歳という自分の体力を考慮しての考えだった。

年が明けて具体的な準備が始まった。検討されたリストを基に、装備、食料などの調達と梱包、医療関係、通信システム、撮影機材の検討などこまごまとした時間のかかる作業が続いた。エクスペディションは予算との闘いでもある。三浦隊を支える恵美里さんの苦労は計り知れない。たくさんの方々の協力によって、徐々に遠征隊が形を整えてくる。

三月中旬、約八〇〇キロの荷物をカトマンズに別送する。日本を出発すれば、オーバーな言い方かもしれないが、遠征の半分ぐらいは終わったようなものだ。あとは登ればいいのだから、簡単なことだ。都会での煩雑な作業は、ヒマラヤに移って単純化していく。

ベースキャンプへ

三月十四日、先発隊として豪太くん、長男の雄大くん、それに僕の三人が日本を出発した。先発隊のやることはけっこうある。まずは現地で協力してもらうシェルパたちと会い、これから現地でそろえなければならない食料、装備などの買出しや梱包などの段取りを綿密に打ち合わせする。また、日本から送り出した別送品の受け取りや、ルピーへの換金、以前にデポした装備の回収、日本への連絡など、数日間があっという間に過ぎていった。

梱包された荷物は、シャンボチェまでチャーター・ヘリを使って輸送する。ホテル・ヒマラヤの一室を荷物の梱包場所として使わせていただき、重量調節やナンバーリングなどの細かい作業を行なった。日本から発送した登山装備、食料、スキーの道具、また、カトマンズで購入したものや借用したものなど合わせると、大小それぞれ二百個近くのパッケージになった。

今回のサーダー（シェルパ頭）はラクパ・テンジン氏。一九七三年、イタリア隊の遠征でエベレストの頂上に立ったこともある。豊富な登山経験と温厚な人柄をあわせもつ、もっとも頼りになるビッグサーダーだ。これからの動きを確認して、あとは任せておけばそれでよかった。大量の荷物の管理をシェルパたちに任せて先行してもらい、ベースキャンプを事前に設営しておくように頼んだ。

三浦さんがカトマンズに入って、撮影はボドナートにあるチベット寺院に出かけるシーンから始めることにした。シェルパたちは信心深い。安全祈願に行く彼らにわれわれも同行した。これから登山活動が始まり、山の生活をともにするシェルパたちとのこうした最初の儀式が大切だった。

三月二十四日、カトマンズでの準備を終えてルクラに飛んだ。ここからは徐々に高度を上げながら、ベースキャンプまでの長い道のりを歩かなければならない。標高三五〇〇メートルのナムチェバザールは、低酸素の影響を受けはじめる最初の高度だ。このあたりの高度から軽い頭痛や睡眠不足などが現われる。それは極めて正常な反応だ。ここから約二カ月にわたり、高山病との闘いが始まるといってもおおげさではないだろう。あたりを見渡せば、のどかな風景が広がる気持ちのよい場所だが、うっかりすると重大なミスにつながることもあるから慎重な行動が必要となる。

ペリチェ（四二〇〇メートル）に五泊、ここで五〇〇〇メートル近くまでの高所順応。ロブチェ（四九〇〇メートル）二泊、ゴラクシェップ（五一〇〇メートル）二泊、十分時間をかけて順応行動をして、四月六日、ベースキャンプに到着した。元気にベースキャンプ入りできれば、まずはよいスタートと考えてよかった。

大量の荷物とともに先行したシェルパたちが、嬉しそうにわれわれを出迎えてくれた。今年はヒラリーが登頂してから五十周年とのことで、世界各国からたくさんの登山隊が訪れていた。われわれのベースキャンプは、アイスフォールからもっとも離れた、静かな場所に設けられた。

高所順応

ベースキャンプ開きは、登山の安全を祈願するシェルパたちの大切なセレモニーだ。あるいは神聖な山に入るための儀式。ヒマラヤの頂は神々の棲む場所と考えるシェルパたち。われわれも彼らに習い、天に米を投げ、ツァンパを投げて、これから始まる登山の無事を祈った。

ベースキャンプも徐々に整い、最初の高所順応が始まった。まずは六〇〇〇メートルラインへの順応だ。本当ならばもう少し安全な場所での運動がよいのだが、そうも言っていられない。ここから始まるアイスフォールは、いつ崩壊するかわからない危険なクレバスの集合体。ここを何度か往復しなければならない。

登攀用具の点検、体のコンディション確認など、初期の段階では無理をしない程度の往復行動をしてからC1（六〇〇〇メートル）に上がることにした。

四月十一日、いよいよ最初の課題、アイスフォールを越えて六〇〇〇メートルラインまでの高所順応だ。ルートはすでにロープが張られ、クレバスにはジュラルミンのはしごが架けられ、整備されていた。われわれは固定ロープにセルフビレーをとりながら、ただ上を目指せばよかった。

崩れ落ちてきそうなアイスビルディングの下を通るのは、気分のよいものではない。深いクレバスに架けられたはしごをいくつも渡り、何連にもつながれた垂直の階段を登らなければならなかった。最初は高度の影響もあって体は重く、約七時間かかってＣ１に着いた。夜は三人ともなかなか寝つけなかった。

新高度に滞在するときには、二回ぐらい同じ高度を往復することが望ましいが、六〇〇〇メートル前後は体にとってなかなか厄介な標高だ。

翌日、早々にアイスフォールを下降する。ベースキャンプに下りると、おいしい食事がわれわれを楽しませてくれた。

二日間休養して、再びアイスフォールに向かう。今度はＣ２（六四五〇メートル）までの順応だ。Ｃ１からＣ２の間は、ウエスタン・クウムと呼ばれる氷河の台地、ヌプツェと西稜に囲まれているせいか風が通らない。おかげで日中は猛烈な暑さに悩まされる。左右の巨大な壁からは、いつ起こっても不思議ではない雪崩の危険が常につきまとう。順応のできていない体にはつらい高度だ。ルートはヌプツェ側から西稜側のモレーンに入り、しばらく登ったその上がＣ２だった。いつまでも続く長い登りにうんざりしながらも、全員元気にたどり着いた。

エベレスト、ローツェ、ヌプツェの真下にいるといった感じのＣ２、ここが前進ベースキャンプ（ABC、アドバンス・ベースキャンプ）となる。上部に荷上げする装備や食料、酸素ボンベなどをここに集結し、さらに高所への登山活動を展開していく重要な基地だ。

翌日、ローツェ・フェースの取付まで登り、三浦さんたちはスキーで下りていった。撮影を終え、シェルパたちとスキーの早さに感心しながら後を追った。このステージは、二日間のC2滞在で二回目の高所順応を終え、C1を通過してBCまで下降した。

休養は四日間。高所で疲労した体を回復させるには、適度な休養とバランスのとれた栄養の補給が大切だ。徐々に体は高所仕様に変化していく。血液中の赤血球が増え、酸素の運搬能力を高めていく。

最後の高所順応は、C3（七三〇〇メートル）を往復することで、順応プログラムは終了する。四月二十三日、いつものようにアイスフォールの手前でアイゼンを装着して、氷の壁を登っていく。何回か往復すると、しだいに感覚がマヒするのだろうか、恐怖感をそれほど感じない。撮影のポイントもわかってくるのでムダな作業がなくなった。

二十五日、南西壁からの猛烈に冷たい風が吹き下ろし、ローツェ・フェースに向かう緩斜面はいくら行動しても体が暖まらない。C2をスタートしてしばらくは太陽も当たらないため、黙々と歩くだけだ。三浦さんの調子はよい。ローツェ・フェースの取付からは、固定ロープに導かれて高度をいきなり上げていく。ところどころ現われる硬い氷がいやらしく感じられる。最初の数ピッチは休む場所もなく、しばらくは足首の痛くなる登高を強いられる。三浦さんは強かった。七〇〇〇メートルあたりから酸素を使用してもらい、C3の少し下、七二〇〇メートル付近で行動をやめて下降した。順調な仕上がりだった。酸素を使わなくても七〇〇〇メートル付近まで行動できるということが、エベレストを登るには重要な要素と思われた。頂上が現実味を帯びて近づいてくるのを感じた一日だった。

翌日、C2からベースキャンプに下降する。ここからの休養が登頂に向けての最大のポイントとなる。ベースキャンプは、もう順応のできている体にとっては快適な場所だった。

四月二十八日、疲れた体をさらによい形で回復させるため、四三〇〇メートルのディンボチェまで下りた。体の回復には酸素ボンベからではなく、普通の生活のなかにある酸素が必要だった。できる限り暖かく、リラックスできるような環境が大切だった。好きな音楽を聴いたり、日記をつけたり、読書をしてのんびり過ごすこと。散歩をしたり、暖かいところで愉快に食事を楽しみ、普段当たり前のようにしている生活こそが質の高い休養効果を促進する。われわれはディンボチェに五日間滞在した。

遠い山 エベレスト

ディンボチェでの休養を終え、五月五日、ベースキャンプに戻った。まだ上空は強い風が吹いているためアタックはかけられない。しばらくは天候の安定する日を待たなければならなかった。サーダーとの打ち合わせで五月十七日を登頂日と決定し、そこから逆算して十一日にスタートすることにした。通常の登山ではベースキャンプを出てC2、C3、C4、頂上という形で四日目に登頂するスタイルだが、われわれの計画はC1、C2、C2休養、C3、C4、C5、頂上というように七日目の登頂スケジュールだ。天候の予測が重要な鍵だった。気象情報を分析し、上空の様子やシェルパたちの意見などを総合して出発日を決定する。あとは感覚しだいだ。

ときどき、サーダーが僕のところにやってくる。ラクパ・テンジンがニコニコしてやってくるときは、必ず何か困っているときだった。頂上に向かうシェルパの話だった。僕たちは六人のシェルパに同行してもらう計画を組んでいた。この三浦隊には十一人のクライミング・シェルパがいたが、誰もが力を持った優秀な人材だった。十回登頂経験を持つチュワン・ニマを筆頭に、八回のンガテンバ、七回のヌルブといった具合に、布陣は強力であり、登頂未経験の若いシェルパには入り込む余地がなかったのだ。サーダーは六人の登頂するシェルパを選んだのだが、あと二人、なんとかならないだろうかと相談に来たのだった。どうしても登らせてくれという彼らの情熱に、ラクパさんは困って相談に来たという。その気持ちは痛いぐらいわかるし、サポートしてくれることで、われわれにとっても助かることがたくさん考えられた。しかし、そのつもりで計画を組んでいなかったこともあり、酸素や食料、燃料などの荷上げの問題や、登頂人数を増やすことによって発生するボーナスなどの金銭的なことも含めて、検討しなければならなかった。僕の一存では決めることのできない話なのだ。

三浦隊長に相談した。できれば僕もラクパさんと同様、若いシェルパにチャンスを与えてあげたいと思っていた。話した結果、天候などよい条件さえそろえば、サウス・コルからC5で合流して、登頂を目指すという計画が可能になった。ラクパさんも、若いシェルパもとても喜んだ。もちろん僕も嬉しかった。こういうのはなかなかいいと思った。

五月十一日、僕たちはノロノロと準備をしてベースキャンプを出発した。頂上へ向かうという実感は七日先のことだ。気負ったものもなく、普通に準備して普通に出かけていくという感じだった。C2に入って四日間の滞在を強いられた。上空の強い風が収まらない。残念ながら静かに天候が安定する日を待つしかなかった。六四五〇メートルの高度が少し気がかりだった。高所の滞在時間が増えることで消耗していくのがイヤだったが、ダメージはほとんどなく、静かな休養時間を楽しめたという感じだった。

五月十七日、風も収まってきているようだった。ローツェ・フェースの取付で、三浦さんは酸素ボンベを着けた。巨大な氷壁をゆっくりしたリズムで登っていく。調子は良好だった。C3（七三〇〇メートル）はローツェ・フェースの真ん中に作られた。降雪直後は雪崩の危険性が高く、気分のいい場所ではない。斜面をL字に削って、たくさんの登山隊のテントが所狭しと設営されている。

翌日は快晴無風の朝を迎えたが、時折、強い地吹雪が吹き下ろしてくる。C3からはまっすぐ上に延びたロープをたどり、やがてローツェの下部を大きく弧を描くようにトラバースする。きつい登りだ。標高にして約七八〇〇メートル、ヌプツェが目の高さに映り、広大なローツェ・フェースが真下に落ち込んでいる。三浦さんは、一九七〇年にこの斜面を滑降して転倒した。パラシュートが開いたまましばらく滑落し、やがて大きな岩にぶつかってその下で止まった。そのときの映像は見るものを震撼させる。よく助かったと感じたものだった。

ジェネバ・スパーの岩場をガリガリ登り、強い風の吹くサウス・コルに到着した。七九八六メートル、殺伐とした風景のなかにテントが張られ、すぐさまなかに転がり込んだが、三浦さんは疲労も濃く倒れこんだ。しばらくゆっくりすることで疲労は回復するはずだ。豪太くんもひっくり返っているけど、健康状態は二人とも悪くはなかった。テントに入ると、すぐにやることは水作りだ。特に高所は水分の補給が最優先なので、手を抜くわけにはいかない。意識的に水分をとってもまだ足りないくらいだ。食事をとるころには、三浦さんも元気を取り戻した。

五月十九日、風が強過ぎる。身支度は整えたものの気分が乗らない。シェルパたちとC５への荷上げ装備や酸素ボンベの確認などをするが、強風のため出発を見合わせることにした。ベースキャンプの雄大くんと風の状況を確認し、もう一日ここで停滞することにした。

通常サウス・コルから一日で頂上を往復する場合、前夜九時ころからスタートする。要するにその日は、サウス・コルに着いて水を作ってご飯を食べたらもう出発という感覚だ。三浦隊は最終キャンプをもうひとつ設けることで、そういったハードな行動をとる必要がなかった。高所での長期滞在はあまり勧められたものではないが、サウス・コルで一日ゆっくりできることは、体力的な点で考えれば悪いことではなかった。われわれは八〇〇〇メートルの高所で散歩をしたり、上昇してきて力尽きた鷲の亡骸を葬ってあげたりして時間を過ごした。登るだけのあわただしい登山とは、また違った意味での豊かな時間だった。

五月二十日、予報ではだんだん風が弱まるとの情報を得て、C5へ向かうことにした。明るくなってからサウス・コルをスタートできるのはありがたかった。今年は雪が少ないせいもあって、ルートから一〇メートルほど離れて二つのボディが確認された。無残に残された姿は嫌なものだ。シェルパが言うには、ひとつは一九九六年、大量遭難時のアメリカ公募隊ガイド、スコット・フィッシャーだという。エベレストには、こうしたいくつかの遺体がそのまま残されている異常地帯だ。

急な斜面を登り続けると、右手に垂直の黒い壁が迫ってくる。キャンプを予定していたバルコニーと呼ばれる八五〇〇メートルの稜線は風が強いと判断して、一〇〇メートルほど低い岩壁の一角に最終キャンプを作ることにした。到着してみると、ようやくテントが二張り張れるほどのスペースしかない、鳥の巣のような場所だった。シェルパたちの情報はたいしたものだ。こんな隠れた場所にテントを張れるスペースがあるとは思いもよらなかった。天候が急変し、キャンプに着く直前で風雪に変わった。チュワン・ニマとギャルツェンは、われわれが到着する前にさらに先のルート工作に出かけていた。最先端にいるのはわれわれの隊だった。気にしていた風は、一向に弱まらないどころか強さを増してきた。夜に入ってさらに強風が吹き荒れ、テントを激しく叩いた。

予定ではサウス・コルからスタートするシェルパ三人と午前三時ころに合流し、頂上を目指すはずだった。われわれは深夜零時、狭いテントのなかで出発の準備を始めた。バタつくテントのなかは凍りついた霜が降って、ひどく不快な状態だった。アルファ米にスープを加えた簡単な朝食をとり、面倒な装備を付けて出発に備えたものの依然として風は止まず、サウス・コルにいるヌルブたちも強風のためにスタートができない状態だった。スタートしなければならない時間になっても、天候は悪化の一途をたどるばかりで回復の兆しが見えない。シェルパのテントは妙に静かだった。動く気配が感じられなかった。上空は時折、星も見えていたのでそれほど悪くはなかったが、風が強すぎた。できることなら今日中にアタックをかけて、早く下降したかった。しかし、まだ先のルート工作が終わっていない今、ここにいるシェルパ三人とアタックをかけることはできなかった。それに、どうしてもサウス・コルからの補給とサポートしてくれるシェルパが必要だった。

明るくなっても一日中、風は吹き荒れた。多少の風が吹いても安全な場所だったが、テントを壊されるのが怖かった。しかも八四〇〇メートルの高度。こんなところに長く滞在していては危険だ。そうわかっていても、じっと耐えるしか方法はなかった。

昼になっても状況は変わらなかった。僕は、上に行くべきか登頂をあきらめて下に下りるべきかを、正確に判断する必要があった。重要なことは、安全が確保できるかという問題だった。予想外の停滞を強いられたために、酸素の量が足りない。何回計算しても、僕と豪太くんの分が十分ではなかった。サウス・コルからの補給が予定どおりうまくいけば、アタックは可能だった。ンガテンバ、チュワン・ニマが真面目な顔をしてわれわれのテントにやってくる。極めて状況はよくないとの考えだった。いろいろなアイデアを出し合い、ベースキャンプとも連絡をとりあって、これからの行動を確認した。

補給の問題、体力、気力、健康状態、タイミングなど、ひとつひとつ丁寧な検討が必要だった。最も重要なことはメンバー、シェルパたちの健康状態だった。驚いたことに誰もが正常を保ってこの狭いテントのなかで過ごしている。酸素をうまく使って消耗を防ぐことでこの状態が保てるならば、可能性はまだ残されているはずだった。あと一泊を限度としてここに滞在し、明日に賭けるということができ得る限りのぎりぎりの決定だった。

われわれには悲壮感はなかった。極限の状況下で、いかに楽しく過ごせるかということが重要だった。ありがたいことに三浦さんも豪太くんも明るい性格の持ち主だった。変に深く考え過ぎず、どんな状況でも適正なバランスを保って生活できる能力は高いものだった。それがよかったのだろう。三浦さんのあきらめない精神はたいしたものだと思った。またヒマラヤの頂上は簡単にあきらめていては立てない世界でもあった。

「おい、三浦さん生きてるか？」

ときどき僕は豪太くんに三浦さんの安否を確認させた。ところが突然、むっくり起き上がって

「わしは腹が減った」という恐るべき返事にあきれたものだった。食料は一泊のつもりで高所食を準備してきただけなので、食事制限をしなければならなかった。食い延ばしだ。こんなのは冬山では当たり前のことなのだが、じっとしていても腹が減る。しかも、この二人の食欲はただごとではなかった。配給制度を取り入れたのは、放っておくとこの人たちは本能に従って、全部食ってしまうのではないかと恐れたからだ。それほどの健康状態が、ここ八四〇〇メートルで維持されていたのだった。

午後になって、ベースキャンプから天候が回復しそうだとの情報が入った。この日の午後遅く、三人のシェルパがサウス・コルから最終キャンプに到着した。ここにはわれわれとシェルパたちのテント、やっと二張りが張られている状態だ。分散して寝ることにした。ところが、われわれのテントに二人が入ってきた。

何かの間違いじゃないか。シェルパテントは四人、われわれのテントは五人。普通に考えれば

逆だろう。確かにあいつらでかいのがいるけど、こっちもけっこう横幅がある。僕は少し迷ったが、文句を言わないことにした。シェルパテントもいろいろな事情があったのだと解釈した。こういうところでは、協力する気持ちが大切なのだ。

四人用テントに五人はきつい。まるで身動きがとれなかった。しかし、なんだかシェルパも楽しそうだったし、けっこうそんなことがおもしろくもあった。僕はカメラを抱え、壊れないことを祈って、眠りについた。というよりか、ただ横になっただけだった。

夢は叶うもの

五月二十二日、風がぴたりと止んだ。ますます狭くなったテントのなかで出発の準備を始めた。アイゼンを着け、スタートするまでに最低でも二時間は必要だった。真っ暗闇の極寒のなかで装備を身に付け、酸素ボンベを背負って出ていくまでに、相当のエネルギーを使う。まずは三浦さんを暗闇のなかに送り出す。少し遅れて豪太くんがあとを追う。テントをしっかり固定して、続けて僕があとを追う。深夜三時十五分、われわれは星空のなか、最終キャンプをスタートした。ヘッドランプの明かりを頼りに、急斜面に張られたロープをたどっていく。このロープは三浦隊が南峰まで延ばしたものだった。われわれのシェルパはたいしたものだった。サウス・コルから出発したほかのグループの間に混じって、ただ上に向かって登り続けていく。三浦さんはどこへ行ってしまったのか、暗闇のなか先行してもらったが、一向に追いつかない。バルコニーに上がったところで待っていてくれた。調子はすこぶるよさそうだった。もう天気だけが成否を分ける重要な鍵だった。

ピシッと張りつめた幻想的な空気のなかを、僕たちは黙々と頂上を目指した。チベット側が白くなり、やがて空が真紅に変わっていく。待ち望んだ朝だった。時折、強風が吹きつけたが前進を阻むものは何もなかった。ただときどき前を行く登山者の歩行速度が遅すぎて、立ち止まらなければならないことが不愉快だった。すでに頭をやられている人間が、この列に何人か混じっていたのだ。アタック日が重なり、多くの人が集中するときに発生する一番厄介な問題だ。体力のなくなってきた人間は歩行速度が極端に遅くなり、ほかの人を巻き添えにする。トレースを譲ろうとする余裕もなく、ただひたすら頂上に向かうことだけが彼の唯一の生存の証なのだ。それはすでに気の狂った恐ろしい光景の序章なのだ。こうして渋滞が起こり、遭難に結びついていく。エベレストの現状はこのようなものだった。

南峰を越えたあたりから天候が悪化した。ここから先への選択は、決断を迫られるところだ。

引き返してくる人々もいた。エベレストは、誰もが午前中の早い時間帯に登頂することを望んでいる。帰りが怖いからだ。サウス・コルまでの距離を考えたら、午後遅くの登頂は危険過ぎる行為となる。多くのクライマーが、そうした理由により亡くなっているのも事実だった。

視界が失なわれ、少々風が出てきたが、僕はそれほどの危険性を感じていなかった。こういう時に突っ込まないと、ヒマラヤのピークには立てないこともわかっていた。それに、ベースキャンプの雄大くんから無線を通して伝えてくる予報では、天候が大きく崩れるという話は出ていない。それを信じる。もちろん時間的な配分も忘れてはいなかったが、三浦さんは申し分のないペースを保っていたし、気力も十分感じられた。豪太くんは余裕すら感じさせる歩き方だった。ヒラリー・ステップを越えれば、あとはゆるい傾斜の雪面をたどるだけだった。

五月二十二日、十二時十分。三浦さん、豪太くん、僕、それにシェルパ六人がエベレストの頂上に立った。ベースキャンプを出発して十二日目のことだった。

「おーい、雄大、とうとう着いたぞー。みんなありがとう。恵美里にもお母さんにもおじいちゃんにも、応援してくれたみなさんに、本当に着いたぞー、ということで伝えてくれー」

三浦さんはベースキャンプに無線交信を続けた。

「これほど厳しい風、風、風。もうダメかと思ったことは何回もあった。これをとうとうやりとげました」

「夢が、夢がやっぱり、やれば達成、実現するものだとわかった。地球で一番高いところに来ました」

僕は頂上手前からカメラをずっと回し続けていた。この二人がエベレストの頂上に立つシーンを撮影するためにここまでやってきた。登頂の模様を映像に収め、すぐにスチールカメラを取り出す。短い時間のなかで何枚もシャッターを切った。エベレストの頂上は、白いガスに包まれ、残念ながら世界一高いところからの景色を見ることができなかった。

頂上には一時間ほど滞在して下降を始めた。長い時間をかけてようやく登り、頂上に留まったのはほんの一瞬だ。ここから再び長い道のりを下りていかなければならない。ヒマラヤでの多くの事故は、ここから始まるといっても過言ではない。そういうことをこのチームはみんな理解している。

慎重に下降を続け、暗くなる直前にサウス・コルにたどり着くことができた。僕はここまで安全に下りてこられたことにホッとした。上から下りてくると、八〇〇〇メートルのサウス・コルが低くさえ感じられた。食事もほとんどとらず、その夜は安定したテントのなかで安心して休むことができた。

翌朝、食事をとってすぐに下降したかったが、三浦さんはスキーをしようと言い出した。C2までの長い下降を考えると不安だったので早く行動したかったが、スキーのプロはそうはさせてくれなかった。同時に僕はたいしたものだと感心した。ここに冒険のプロフェッショナル、三浦雄一郎の本質を感じざるを得なかった。クタクタになって下りてきて、その翌朝、体力が回復する間もなくスキー滑降をするという。

三浦さんたちはスキーを担いで、再びエベレストを目指して登っていく。僕は対斜面を求めて反対側へと向かう。無線で連絡をとり、サウス・コルの上部から二人がきれいに滑り降りるのを撮影する。それが終わって今度は僕からのリクエスト。合流して再び登り返し、スチール写真の撮影のためにもう一度滑ってもらった。普通の人はこんなことはしない、してはくれない。たいしたものだと思いながらサウス・コルをあとにした。


一九七〇年のあの記録、三浦さんの著書『エベレスト大滑降』(講談社刊)のなかにはこのような一節がある。

〈娘の恵美里(当時小学校三年)が、転んだって成功した、というのはどういうわけなの、と聞く。そうこれは成功だとか失敗だとかの表現を使うべきじゃない。どっちだっていい、ともかくやりとげたのだから、生きて帰ったんだから、スキーヤーだから転んだら起きて、それから雪をはらってゆっくり滑り出せばいい。生きていることは素晴らしいことなんだと思ったことは前にも書いたけど、そして、それをつきぬけてやらねばならぬことは、次のページを開くこと、つまり何も書いていない真白な雪の斜面のように心のひろがる世界へ、新しく出発することなのだ〉

可能性に向かって挑戦していく男の生き方が、七十歳という年齢での世界最高峰の登頂を可能にした。その挑戦は数え切れない多くの人々を力づけた。人間はやればできる、冒険とは不可能を可能にすること、あきらめなければ夢は必ず叶うのだと語りかけてくる。

「地球で一番高いところに来ました！」

夢を見失いかけた男が見せてくれた壮大な物語。

ドラマチックな登頂を果たし、ベースキャンプで支えてくれた仲間たちに迎えられたとき、エベレスト大滑降の記憶「生きて還った実感」というものを再び感じ取ったに違いない。

新しい扉を開くその先駆者として、三浦さんは五年後にチベット側から再び世界最高峰を目指すことになる。それは七十五歳という年齢での挑戦だった。

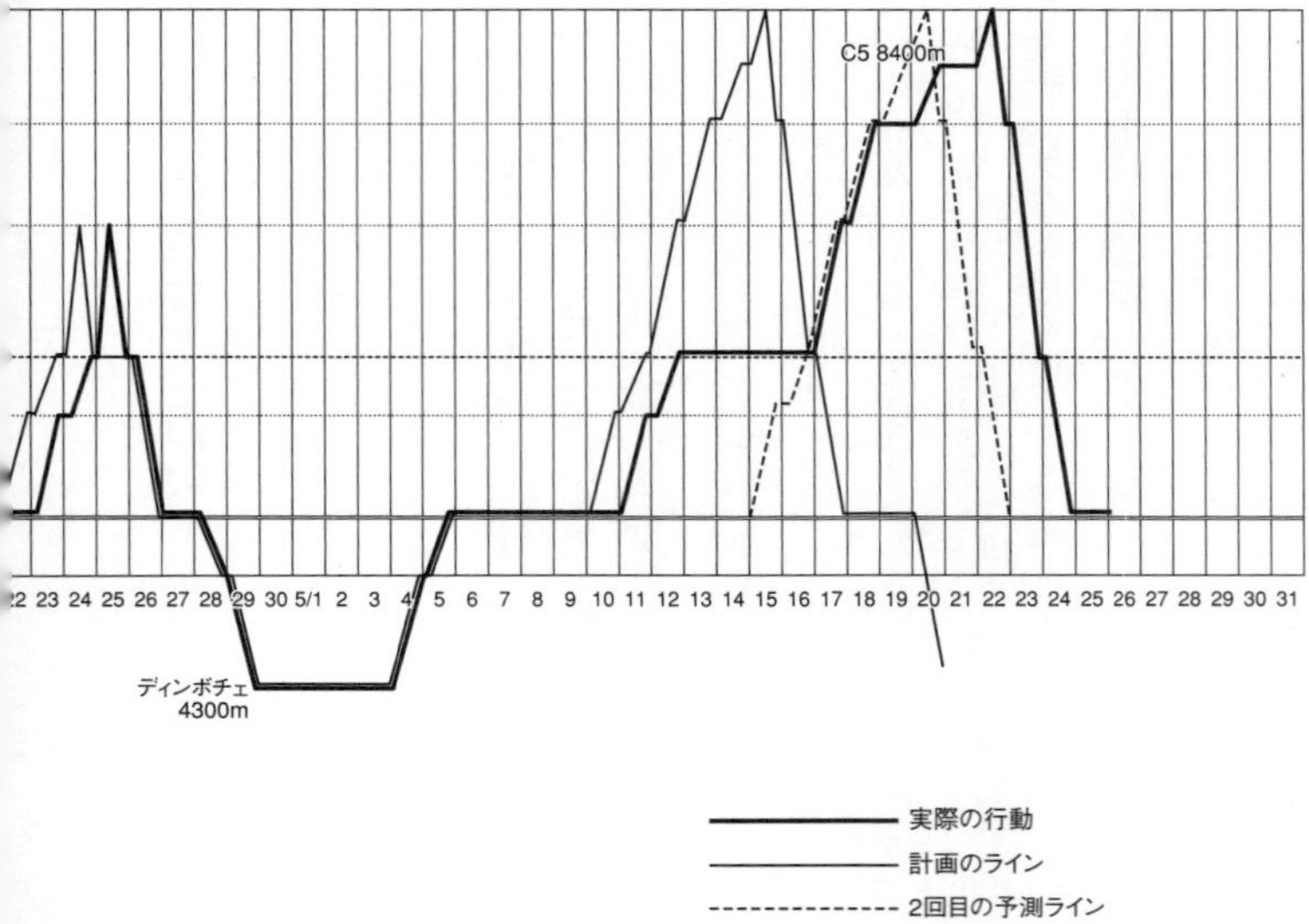

サウス・コル上部にC5設営

基本的には大きく3回の順応トレーニングと、一旦ベースキャンプを離れてディンボチェで休養をとるスタイルは変わらない。カトマンズに入ってからは、トレッキングをしながらの順応でベースキャンプに入った。

登頂予定日を5月15日としてベースキャンプをスタートしたが、天候が崩れ、ABCに4日間滞在した。ベースキャンプ・スタート時の天候予測からは予想外の出来事だったが、なるべく消耗をしないように酸素をうまく使用した。通常ではベースキャンプをスタートして4日目に頂上に着くのだが、今回はサウス・コルの上部にもうひとつキャンプを設け、登頂は6日目の予定を組んだ。天候の予測精度はその分低くなるが、今回は大幅に外れた。

5月19日、強風のためもう1泊サウス・コルに滞在した。上空には雪煙がたなびき風の強さを物語っていた。ベースキャンプからは午後からしだいに風は収まってくるとの情報が入る。しかし、この滞在はそれほど気には

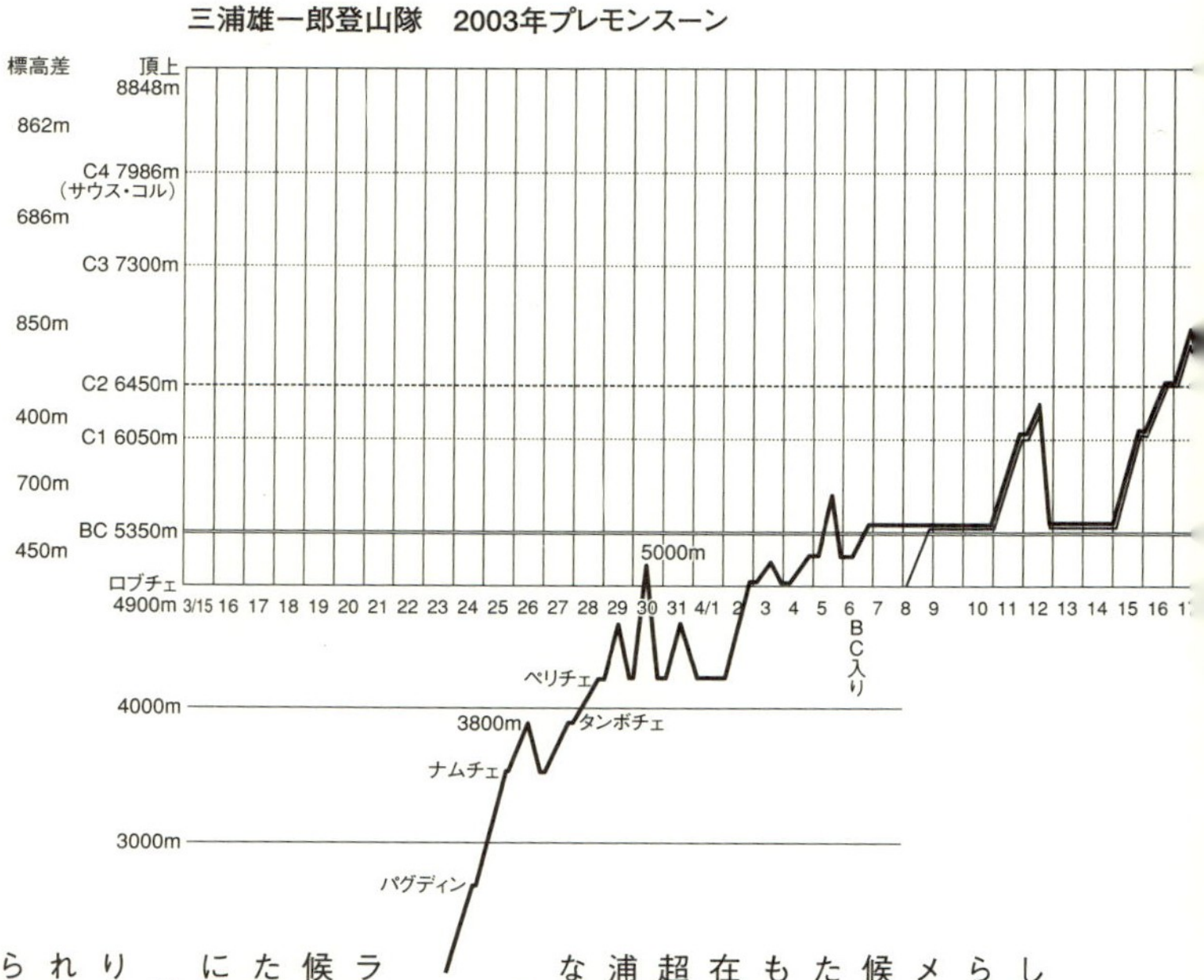

しておらず、かえって休養として前向きなとらえ方をしている。5月20日、C5（8400メートル）に移動したが強風は収まらず、天候は荒れた。翌21日、アタックをかけたかったが天候は回復せず、猛烈な嵐となって一歩も動けない状況に追いやられた。ここでの滞在は計画上では考えていない。しかし、この超高所での滞在は危険との隣り合わせで、三浦さんの70歳という年齢を考えたとき、不安な2日間を過ごすことになった。

5月22日、深夜から風が収まり、天候が回復した。午前9時半には南峰に着いたが、ときどき強い突風が行く手を阻んだ。ヒラリー・ステップを越えるあたりから再び天候が悪くなり、視界を失った。雪がちらついたが風はそれほどでもなく、12時過ぎに登頂に成功した。

最終ステージは予測がはずれて惨憺たるありさまだったが、無事に登頂して下りてこられたのは、事前の準備と体力が勝っていたからだろう。タクティクスの修正と組み直し、現場での状況判断がうまくいった例だ。

Miura Everest 2003 Expedition

隊　長　　三浦雄一郎

隊　員　　８人

日　程　　2003年３月～５月

概　要　　５月22日、南東稜ノーマル・ルートから登頂。三浦雄一郎、三浦豪太、村口徳行、シェルパ６名が登頂した。世界最高齢70歳の登頂記録樹立。

第六章

村口徳行の場合——二つの八〇〇〇メートル峰の登頂

登山家・渡邉玉枝

――二年前にエベレストに登ったときと違っていましたか。

「いやー、まったくねえ。エベレストはぜんぜん苦しくなかったの。登りもラッセルしていた人たちが大勢いて、ゆっくり歩いていたので酸素二リットルでまったく苦しくなかったんですけど」

ローツェからベースキャンプに下りて二日後、渡邉玉枝さんにインタビューを撮らせてもらった。

――今回はだいぶ……。

「苦しかった！」

――渡邉さんを見ていて、不安になったときがあったんですけど。

「いや、自分もちょっと不安になったけどね」

――ルートは、あまりよくなかったですね。

「あのね、あれだけルンゼに落石というか、歩きにくいとは思わなかったですね」

「苦しかったです」

——あれだけ岩が落ちてくるルートは珍しいんじゃないかって気がしました。

二人とも落石を受けて負傷しながらの登攀だった。自然落石はもとより、先行したパーティの足元から発生する落石が、ルンゼに沿って直上するルートをたどるわれわれに容赦なく降り注いできた。急降下してくる石の塊に、何度、身を伏せて当たらないようにと祈ったことだろう。よけて防げるようなレベルの落石ではなかった。

夜中の一時半に最終キャンプを出発して、ローツェの頂上に着いたのが夕方三時すぎ。それほど長い時間がかかるとは、予想もしていなかったのだ。計算では、もっと早い時間で頂上に着くはずだった。

「初めてでしたね。辛かったです。それに長かった」

——予想していたよりも長かった。

「頂上直下でウロウロしてね。ちょっと勘違いして酸素はずしちゃったもんで、そこで相当時間をロスして、ようやく頂上に着いたけどね」

——いや、オレは着かないんじゃないかと思ったときがあったんですよ。いや酸素の問題があるから、あれちゃんと計算しておかないと、帰れなくなるんですよね。

「そうね、あの角度で登っていくには、二リットルではきつかった。本当に」

――やっぱり三リットルは必要ですよ。

「年齢プラス……、人間ていうのはねえ……。でもねえ、なんのトレーニングもしていないんだから、あんまりなんとも言えないんだけどね」

――トレーニングは、やっぱり必要ですか。

「必要ですね。今度はやる。あれだけ苦しいのはいけないね」

――八〇〇〇メートルを超えれば、苦しいのは当たり前なんだろうけども……。

「でも、八〇〇〇メートルそこそこの山と、八五〇〇メートルを超える山は違いますね」

――違うね、オレもそんな気がした。もう高度が上がっていかないんだよね。いくらエベレスト見ていてもね。

「それと私の勘違いはね、いままで七〇〇〇メートルから八〇〇〇メートル近くまで、あまり苦しんだ経験がないんですよね」

――それはいけないですね。

「それが今回は苦しみました」

――人間はねえ、やっぱり一回くらいは苦しまなければダメですよ。

「本当、いい薬になりました」

――よかったです。

「あんまりねえ、そう簡単に登れるもんじゃないということがよくわかりました。いい経験になりました」

短いインタビューだったが、込み上げてくるものがあるのだろうか、ときどき目頭を熱くしながら話してくれた姿が印象的だった。

二〇〇二年、ともに登ったエベレスト・サミッター、渡邉玉枝さんにローツェに行かないかと声をかけたのは、二〇〇四年の二月も末になってからだ。信じられないが、三月中旬にはエクスペディションがスタートする。トレーニングする時間なんて、あるはずがなかった。

撮影とクライミング

朝がくれば目が覚める。当たり前のようでいて、それは奇跡の連続なのかもしれない。一体どれだけの意識を持って生きているのか。一年のサイクルのなかで、少しばかりピリッとしたものがほしくなる。散漫はひとつの方向に向かいたがる。

僕には、計画を作らなければならない理由があった。

二〇〇二年を例外とすれば、エベレストという山は仕事の場と化している。したがって、自分の登頂回数はたいした意味を持たない。そこでどれだけの仕事ができたか、ということだけが重要なことだった。

しかし、この計画はいつもと事情が違っている。長く関わってきたエベレストを、一度、丁寧に撮ってみたいという思いからの発案だった。同行取材ではできなかったこと、気づかなかったものや撮り残しているものがいくつもあるような気がしていた。昨年の三浦隊では天候に恵まれず、イメージした撮影ができなかった。そんな理由もきっかけのひとつだった。

自分が撮影者として、どれだけのことができるのか確かめたいというのが大きな理由だった。たいがいの場合、取材対象があって、そのなかに撮影者としての自分がいる。特に高所や環境の悪い場所では、撮影することだけに専念はできない。どうしても優先して考えなければならないクライミングに関する作業が発生する。それと同時に、生命に関わる安全の確保が必要となる。作業としては二つ三つが同時に進行する。したがって、撮影したいのにできないという状況が、時として自分にストレスをためさせた。

撮影をしながら登山をする。登山をしながら撮影をする。同じようだが、主体がどちらかで大きく内容が変わってくる。仕事上で考えるならば、僕は前者だ。基本的には、撮影を最優先するというのが当然の成り行きだった。

ところが、実際、高所登山の撮影に関われば、高所タクティクスの組み立て、あるいは総合的なクライミング技術、生活技術など、やっていることは登山そのものだ。一度仕事を離れて、クライミングと撮影を同じポジションで捉えてみたいという気持ちが、この計画の発端にあったのだと思っている。そのためには、すべてを自分で組み立てることのできる、独自の登山隊を作ることが必要だった。

問題は資金だった。エクスペディションは、すべて予算との兼ね合いで成立する。そんなものは、どこを探してみても簡単に出てくる状況ではなかった。何かよい方法はないものかと考えてみたが、こちらの都合に合わせて世の中は動いていなかった。

しかし、金銭的な余裕もないのに純粋に撮影したいという気持ちだけでは、とてもヒマラヤなんか行く気にもならなかった。なんとかして計画を作りたいと思った理由が、もうひとつあった。

本来、山登りは健康的であるべきだ。ところが、そのころの自分の傾向として、何か大切な部分が失われつつあるように感じていた。純粋にクライミングを楽しもうとする気持ちよりも、何かに集中したいという感覚のほうが強かった。それは裏を返せば、日常生活に何か足りないものがあると考えてよかった。満足感のあるもの、手ごたえのある感覚を取り戻そうと試みることが必要だった。ヒマラヤで目的に向かっていることは、自分にとって居心地のよい時間、別の視点で見れば「都合のいい逃げ場」ということも同時に理解していた。

撮影とクライミング、健康と逃避、それぞれが分解してうまく組み合わさると、人間は突然、目的をもって動き出す。自分にとってそういうことが重要だった。

贅沢な話だ。そんなことをやっている余裕なんて、本当はどこにもないはずなのに、「どうかしてる」と考えるのが普通だ。一応は自分の生活状況を理解しているつもりではあるのだが、たまたまそのときは、ヒマラヤに行くことが必要なことだったのだろう。

どういう生活をしていれば、そういうばかばかしいことを思いつくのか。フリーのカメラマンという生活は、極端にいえば毎日が職探し、あるいは冬山でいえば食料の食い延ばしといった言い方が適当だ。安定したものなど、どこを探したって見当たらない。フリーでいようとするなら、そのリスクは黙って引き受けるということが必要だ。手っ取り早く言えば、健康だけが生活を支えるといってよいだろう。だからこそ、肉体と心は健康であるべきだった。フリーランスは自己管理が大切なのである。

ついでに困ったことに、クライマーという種類の人間は、自分の能力を試したいと考えがちだ。それこそが、クライマーの本質だからだ。特に高所という世界は、経験すればするほど「次」を意識する。もう少しやれるんじゃないか、と。そうして追い求めていった結果、取り返しのつかない危険な状況に近づいていく。僕にはコントロール能力がまだ機能しているから、それほど重大な問題は抱えていないが、しばらく都会にいると、あの酸素のない世界が、あるいはカラカラと回るマニ車の音、大きな荷物を運ぶおばちゃんたちの風景が、懐かしく思えてくる。

大きく二つの要素が重なって、僕はエベレストの計画を作ることにした。ひとつは撮影者としての能力の確認、もうひとつは新しい生命感覚を取り戻すための挑戦、日常的にはどうでもいいことだったが、そのときはとても大事なことだと感じていた。

エベレスト、ローツェ計画

エベレストの撮影ポイントとしては、ローツェが適していた。それがローツェを計画に組み入れた大きな理由だった。また、エベレストに関していえば、僕一人なら登ること自体はそれほど難しいことではなかったので、ローツェと合わせて考えることで、登山を充実させることができると考えた。できることならば、ノーマル・ルート以外の未知の要素の高いルートからアプローチしたいところだったが、それには自分一人の力では無理があった。二つの巨峰を限られた時間のなかでうまく組み立て、ムービー、スチールを抱えて登頂して帰ってくる。このくらいが、今の自分にできるせいぜいの計画だ。クライミングとしての創造性はないにしても、エベレストを舞台にした撮影の試みとしては、十分にいけると思えた。

僕はスポンサーを意識した。そのためにはよい計画が必要だったし、内容が重要視されることは目に見えていた。しかし、今やエベレストでお金が集まる時代ではない。まして、知名度も持ち合わせていない人間が登ったところで、宣伝効果を考えれば協賛はあり得ないということも、うすうすは理解していた。それでもダメモトで企業にお願いしてみようと思ったのは、自分が個人として社会とどのような関係性を持つものか確かめてみたいという理由からだった。社会のなかで、自分の考えるエベレストの計画が、どのような捉え方をされるのかにも興味があった。

計画書には、四つの目的を挙げた。

「エベレスト、八八四八メートル、ローツェ、八五一六メートルの登頂」

「ハイビジョン・ムービーによる映像撮影」

「スチール写真撮影」

「八〇〇〇メートル付近の酸素ボンベ回収」

出来上がった計画書を見て、漠然とだが「もしかしたら、うまくいくのではないか」と内心思ったりもした。ところが、まったくうまくいかなかった。世の中、そうは甘くなかった。年の瀬も迫った十二月から一月にかけて、いくつかの企業を訪ね歩いた。テレビや出版関係にも当たってみたが、よい返事は返ってこなかった。やれるだけのことはやってみようとがんばってみたものの、二月にもなると少々へたり気味に毎日を過ごしていた。そもそも社会の仕組みがよくわかっていない人間が、思いつきでタクティクスも組まずに挑もうということ自体が無謀な試みだったのだ。

どうしたらいいものか、登山申請の期限の問題もあって、いつまでもこうしているわけにはいかなかった。進むことも退くこともできず、立ち止まったまま暗い気分に陥っていた。

しかし、何事もやってみなければわからないものだ。タイムリミットぎりぎりで、株式会社ゴールドウインが、さらに続いて日本ビクター株式会社が支援をしてくれることになった。信じられない気分だった。自分の計画が社会で受け入れられたことは嬉しいことだったが、そんなことよりも、それを可能にしてくれた人たちの優しさに何よりも感謝しなければならなかった。

世の中にはなんと心の広い人たちがいるものか。資金的にはまだ足りなかったが、なんとか工夫することで、エベレストとローツェの計画が成り立つと判断し、早急にカトマンズのエージェントに連絡を入れた。

現実的には登山料の振り込みや、すぐに運用できる資金が必要になった。日大のOBで、一九八六年ヒマルチュリ、一九九二年マカルー登山のときの隊長、岡田貞夫先輩を訪ねた。この「エベレスト、ローツェ登山隊」の派遣母体とした〝雪豹クラブ〟というのは、マカルーを計画したときに岡田さんと僕で作った山岳同人だった。

「とりあえず現金がないんです」

僕の情けない話やら、企業の協力してくれる話などを聞いて、すぐに貯金通帳に大金を振り込んでくれた。これはありがたいことだった。

さらに僕がスタートすることを知って、昨年のエベレストでお世話になった東京映像社の大滝勝さんや、ミウラ・ドルフィンズの三浦雄一郎さんたちが、僕の計画を応援してくれた。おかげで、削りに削った予算のなかに「予備費」の数字が復活した。また多くの友人、知人から餞別をいただき、予想もしなかったありがたい事態に、心から感謝した。

日本ビクターの波田野文和さんを僕は訪ねた。この人がいなければ、今回のエベレストはなかったに等しい。三浦隊のエベレストのときは、民生機で初めて開発された小型のハイビジョン・

ムービーGR―HD1で登頂までの模様を記録した。僕は再びそのカメラを持っていくことで撮影計画を組んだ。今回の試みは、撮影者としてのエベレストだ。映像として何を捉えてくるか、真剣に考えなければならなかった。カメラの改良をお願いし、二台のカメラを借りることにした。

考えていたことは、もうひとつあった。この計画が成り立つとすれば、渡邉玉枝さんを誘おうと思っていた。映像として十分魅力のある人だったし、渡邉さんにとっては五つ目の八〇〇〇メートル峰登頂になる。成功すれば六十五歳という年齢だ。彼女の挑戦が多くの人たちに勇気を与えると同時に、世界に誇る素晴らしい記録が期待された。

電話を入れてみると、二日も待たずに返事をくれた。たいしたものだと思った。通常ではあり得ない登山隊が、こうしてあっという間に誕生した。打ち合わせはとても簡単だった。三月下旬にカトマンズで合流する、ということだけが決定事項だった。

準備で一番気をつけたことは、余計なものにはお金をかけないということだった。日本から持ち出す荷物は、極力抑えることで輸送費を削る。なにしろわれわれは恵まれた登山隊とは違って、あらゆる部分で節約していかないことには登山隊が成立しないのだ。それでも重量がオーバーした分は、友人や後輩を通じて少しずつ小分けにして、カトマンズに運んでもらうことにした。

出発日が迫るに従って、エクスペディションとは関係のない雑用が増えていった。よりによって準備で忙しいときに限って、ヘンテコな用件が重なってくる。手をつければ片づいていたものが、こんなことなら暇なときにやっておけばよかったと、いつものことながら後悔した。

計画的なトレーニングは、まるでできていなかった。それなしでヒマラヤに向かうことは少々危険だ。しかもろくなクライミングなんか期待できない。山に行くには、それなりのイメージトレーニングや実際の運動が自分には必要だった。行けるか行けないかわからない段階でのトレーニングなど、やる気も起こらなかった。行くことが決定して、今さら遅かったが、やらないよりはましだと思ってトレーニングも意識した。結局疲れるだけで、逆効果の気がしないでもなかった。長期に出かける前は、相変わらずドタバタの時間を過ごすことが恒例の行事だった。

当然、渡邉さんにもトレーニングの時間が必要だったが、準備期間もほとんどないままの、申し訳ない誘い方を反省しなければならなかった。

順応トレーニング

三月二十一日、僕は登山装備、撮影機材を抱え、一人成田を飛び立った。カトマンズに入り、すぐに準備にとりかかった。二十四日に飛ぶ輸送ヘリコプターに間に合わすために、あわてて装備をかき集め、梱包した荷物を輸送担当のスタッフに引き渡す。食料は現地のコックに任せておけばそれでよかった。

一週間遅れて渡邉さんが単身、カトマンズに到着した。エージェントで簡単な打ち合わせをすませれば、あとはのんびり過ごすだけのカトマンズ滞在だった。

三月三十日早朝、ルクラに飛んだ。僕たちはトレッキングに関しては何も考えていない。とりあえず、いくつかの荷物がわれわれとともにベースキャンプまで安全に運ばれればいいわけだった。だから、どのようなシステムだろうがかまわないのだが、どうもネパール人の経営するエージェントは大まかで、けっこう不親切だったりする。こちらがあまり細かく聞かないせいなのか、空港で簡単な説明をすませただけで、意外と冷たくカトマンズを送り出してくれた。

「グッドラック！」

僕たちはルクラに着いても、相変わらずよくわからずに、声をかけてくる見知らぬシェルパに従ってトレッキングをスタートさせた。この不確かな方法はけっこうおもしろい。簡単にダマされそうな世界が楽しめる。僕と渡邉さんは、例のごとくいくつかの地点に滞在し、丁寧な順応をしながらベースキャンプを目指した。

普段、酸素のことなど意識もしていないのに、ある日突然「酸素が足りない！」と体が反応を示すから高所はおもしろい。高度と体の関係性が実感として理解できてくる。おそらく四〇〇〇メートル前後が、最も丁寧な順応を要する高度だ。いままでの経験から、このあたりの高度に慣れておくことが大切だとわかっていたし、多くの人が体調を崩したり、不調で先に進めなくなるケースを知っていた。初期の順応に失敗すれば、登山活動に大きく影響を及ぼすことになるから、慎重な行動が必要だった。僕は毎回同じことをやっているが、それでも体調に合わせて休養をとったり、行動上での細かい調整をしながら高度を上げていく。

このトレッキング期間はいい時間だ。人々の暮らしを見ながら、歩いて食べて寝て、というただそれだけの単純な生活がなによりいい。渡邉さんとの会話はほとんどが山登りの話だが、たまには真面目な会話も交わす。年金制度や税金問題、国際関係のあり方なども話すが、たいてい「しょうがねえなー」で終わる。自然環境に関する問題には、二人とも関心があるせいか、しばしば話題になった。

僕たちの見解では、地球環境を守るために、今必要なのはその場の対処療法ではなく、根本的なところを見直すことが大切だという考え方だ。例えばこうして日本を離れて、ゆっくり流れる時間のなかを歩くことが大切なんだよな、というところから話が始まっていく。

違うリズムに身を任せることで、新しい感覚や、違ったものの見方が少しずつ変化する。心が豊かになってくれば、やがて自然に対しての深い考え方が育って、自然と共生する意味が自分の内側から生まれてくるのではないのか……、それが地球の未来に繋がっていく。だから、環境問題はまず、心の環境を整えることが未来への近道ではないかと、けっこう真面目な会話に発展する。

とすると、われわれが好んでやっている、「世の中にはあまり役に立たない〝山登り〟」という行為が、なんとなく大きな意味を持ってきそうな気がしてくるのだった。

「渡邉さん、地球の未来を見すえて、われわれも山登りを捉えてみよう」

「自然にふれることは大切だからね」

「よし、ここはひとつ、山登りで大もうけをしようじゃないか……」

このあたりからたいてい品格が下がってきて、さらに僕の低レベルな話へと展開して締めくくられるのがいつものパターンだった。

このトレッキングルートは何度も通った道だったので気分が楽だった。相変わらず強い渡邉さんにあきれながらも、僕たちは順調に体を作り上げてベースキャンプにたどり着いた。

ベースキャンプ生活

「ナマステ！」

プルバがいつもの笑顔で僕たちを迎えてくれた。一九九五年にマナスルで、ヒマラヤを越えて渡るツルを撮影したときからの付き合いだ。二〇〇二年のエベレストも一緒に登頂したシェルパで、誰よりも信頼できる優秀な男だ。今回、エベレストにパートナーとして彼に来てもらっていた。そしてなによりも、彼と一緒に生活していることが楽しかった。渡邉さんも大好きなシェルパだった。

僕たちは二〇〇二年と同じ方法で、〝国際寄せ集め隊〟に紛れ込んでいた。ベルギー人二人、ギリシア人二人、アメリカ人一人、インド人一人、それにわれわれ二人を加えて、八人でひとつのキッチンを共有する共同生活だ。どのように登るかは、それぞれが考えればいいことだった。交わす言葉は英語なので、会話するのが少々面倒だったが、難しい話をするわけでもなく、ベースキャンプの生活にはなんの問題もなかった。

ベルギー人の一人は、昨年失敗して二度目の挑戦。僕が昨年、三浦さんたちとチャンスを待って登頂したことを知って、ショックを受けていた。気の毒のような愉快なような、それ以来、昨年の話は出なくなった。フェラーリを二台所有し、油田の会社を経営しているとかで、どうも僕たちとは種類の違う人種のようだった。一応、このチームの書類上でのリーダーらしい。もう一人は口数の少ない六十歳代のおじさん。登る気があるのかないのか、穏やかな性格の人物だ。

体がでかく、どう見ても粗雑な感じのギリシア人ニコス。自国ではけっこう優秀なクライマーであるらしい。この人は僕と同じくエベレストとローツェの許可を取ってきていたから、彼のほうから近づいてきた。とりあえず、同じ行動をとることが得策と考えたのだろう。もう一人のギリシア人は、ニコスのサポートでベースキャンプ・マネージャー。

アメリカ人は数年前に一度、エベレストにトライして失敗したという。ベースキャンプの小高い丘には、ベルギーのでかい国旗を一番上に、続いてギリシア、インドの旗が風にはためいていた。僕たちは、自分のテントの横に高くポールを組み上げ、日の丸を掲げた。国というものを意識する瞬間だ。アメリカ人は国旗を揚げなかった。世界的な流れとして、ネパールではいまひとつ元気がないようにも感じられた。

ひときわ異彩を放つインド人女性クライマー。小柄で礼儀正しく、好感の持てる人物だが、なぜ彼女がここに来てしまったのか、ときどき理解に苦しんだ。

このような国籍の違うメンバーが、一カ月半近く生活をともにする。不都合といえば食文化の違いだが、登山のタクティクスは勝手に組めばいいので、気は楽だった。

僕たちは資金に余裕がないこともあって、余計な衛星電話などの通信機材を持ってきてはいなかった。もともと持ってくる気もなかったが、連絡手段として持参したものは、無線機三台のみだった。だから発電機も必要なかったし、身軽な装備が嬉しくもあった。

ベースキャンプの生活は気楽なものだったが、シェルパたちとのコミュニケーションなど困ったことが起こると、たいがいのことは僕たちが解決した。おかげで各国から集まった見ず知らずのメンバーとも仲よくなった。渡邉さんは、彼女の持つ人柄がみんなに好かれ、キャンプをなごませてくれた。初めて顔を合わせたシェルパたちと仲よくなるには、それほど時間を必要としなかった。最後にベースキャンプ入りしたわれわれ日本チームが、次第に存在感を持ってこのキャンプに馴染んでいった。

世界最高峰の誘惑

僕は基本的な行動パターンとして、新高度のキャンプに泊まる前には、最低二回は同等高度までの順応行動を取り入れる。行動、休養を繰り返し、徐々に体が順応をしてくると歩行速度も上がり、それまで六〇〇〇メートルに作ったC1を使うことなくC2（六四五〇メートル）に上がることが可能になる。この高度は極めて厄介だ。いつものようにまったく眠れない。要するに順応ができていないという証明だ。

こうしてアイスフォールを越えて四～五日間の順応トレーニングを終え、ベースキャンプの自分の小さなテントに戻ると、格別の幸せを感じるのだった。五三〇〇メートルという高度が、時間の経過とともに当たり前の世界に変わり、安眠できる我が家となる。

僕はエベレストとローツェのどちらを先に登るか決めていなかった。ニコスはエベレストが初めてだったので、そちらを先に登りたがっていた。僕は順応活動も中盤にさしかかって、ローツェを先に登ることに決めた。ニコスは「どうしてだ？」と聞いてくる。

「先にエベレストを登ると、ローツェに行きたくなくなるゾ！」

ただし、この意見は逆の場合も十分あり得るのだった。疲労や消耗の問題もあったが、エベレストに登ってしまうと、それで満足してしまうということを言いたかった。二つのピークを登るつもりで来ているのなら、ローツェを先にしたほうがいいと思っていた。よほど強い意志を持たないと、エベレストのあとのクライミングはけっこうくたびれる。どう見てもニコスはそのパターンだな、と思ったからそのように説明した。

ただし、天候の問題もあって、そう何度もアタックのチャンスがあるわけではないので、エベレストを優先して考えることは当然のことだった。僕は天候に関しては、過去の経験から二回のチャンスがあると考えていたから、それほど気にはしていなかった。

そのころ、ベースキャンプでは大変な問題が起こっていた。原因はインド人の女性だった。シェルパの話によれば、クライミング技術がまるでなく、歩行速度が異常に遅すぎて、とてもエベレストどころではないという。ところが、気持ちだけは誰にも負けないような強い意志を持って、エベレストの登頂を考えているようだった。しかし、彼女の話を聞いてみると、肝心なエベレストのことをほとんど知らなかった。登山経験も少なかったし、高所に関する知識があまりにお粗末だった。シェルパが言うことは実に正しかった。彼女には、どう考えても危険過ぎるというか、あまりに無知で、無謀な挑戦のようにしか感じられなかった。

一緒に行動しているシェルパは相当にくたびれて、どうしたらいいのか困っていた。なにしろ行動するのに通常の二倍以上の時間がかかっていた。順応もできていなかったようだし、必要な技術も持ち合わせてはいなかった。彼女の雇ったシェルパは、顔を合わせるたびに登頂をあきらめるように言ってくれと、泣きそうな顔をして僕に救いを求めた。

ベースキャンプのメンバーは、そういった状況をなんとなく知っていたが、なるべく関わらないように、知らない振りを決めていた。

「ちょっと登頂は無理だと思うよ」

などと余計なことを言うと、とたんに悲しい顔をして落ち込んでしまうので、ベースキャンプにいる男どもは、怖くてその件には触れないように気をつけていたのだ。たまにニコスが機嫌をとろうとして発したジョークが、さらに彼女のご機嫌を斜めにする。

「ニコス！　彼女はナーバスになってるんだから、もう少し考えてものを言え」

でかいニコスは小さくなって反省した。われわれは集団の雰囲気が暗くなることを恐れて、なるべく彼女のいる前ではエベレストの話を控えた。

それでも彼女を心配して、サウス・コルから頂上までの危険性や、ローツェ・フェースの硬い氷の話など、遠回しの柔らかい口調で説明した。もともとこの〝国際寄せ集め隊〟は、他人の計画には干渉しないことがルールだった。だからといって、冷たく突き放すことはできなかった。日がたつにつれて、彼女が自分から登頂をあきらめるようにうまく説得することが、このベースキャンプでの大きな課題になっていった。彼女はなんとしても、みんなと一緒にエベレストに向かいたがった。

ダイニングテントでは彼女の日課なのか、ノートに細かい文字でシバ神がどうのこうのと、びっしり同じ文字を書き綴り、そっと横から眺める僕たちを震え上がらせた。優しく傷つけないように、あきらめる方法を、シェルパも関係のない僕もほかの外国人も、気を遣って伝えようと努力した。もはやもう他人事ではなくなっていた。彼女の笑顔は、このベースキャンプ生活の幸せを左右する重大な問題へと発展したのだ。

いよいよ五月に入り、登頂の時期が近づいてくる。みんな自分のことより彼女のことが気がかりだった。精神状態がよさそうなときを見計らって、シェルパも僕もベルギー人やギリシア人も、今回の登頂を考えるように優しく話をした。言い方が悪かったのか、やがて彼女はショックで寝込んでしまった。

可哀想だったが、そういうこともあるよな、と思わざるを得なかった。彼女の挑戦に文句を言う筋合いではないが、もう少し自分で歩けるようになって、経験を積んでからエベレストに挑戦するべきだ。八八四八メートルは、そんなに簡単ではないはずだった。

アイスフォール、ローツェ・フェースと必要な順応をすませ、休養をとるために四三〇〇メートルのディンボチェに下りた。高度を下げ、積極的な休養をとることで心身の回復を図ることがタクティクス上で大切なことだった。

恐怖のローツェ峰

ディンボチェで四日間休養をとり、五月六日、ベースキャンプに戻った。まだ上空は風が強く、アタックをかけるには早過ぎる。これから数日間、空を眺めてのベースキャンプ生活だ。

僕は撮影機材の準備にとりかかった。自分のテントは機材室を兼ねている。ソーラーパネルがテントの内側に配置され、バッテリーの充電は簡単だ。ビデオカメラは低温から保護するために保温材を貼り付けたり、使いやすくするために何度も改良を重ねた。

スチールカメラの選定、レンズ、フィルムなどの数量、特に八〇〇〇メートルを超えると一グラムでも軽くしたいわけだから、その決定には慎重だ。カメラは重量があるくせに、山を登るにはまったく役に立たない道具だ。

五月上旬は、どのチームもいつアタックに出発するか、迷いに迷う時期だ。一瞬のチャンスをはずせば、今まで使ってきたエネルギーはすべてムダになる。登頂を断念すれば、そう簡単に次はないから、なおさら慎重なスタートが大切だった。

隣でギリシア人がまた発電機を壊していた。彼らは修理をするたび、ますます悪くする。僕は面倒だったので、放っておいたのだが、シェルパが僕のやるいつもの修理方法を覚えていて、いじくっているうちにうまく直した。シェルパたちは歓声を上げて喜んだ。「うまく回ったじゃないかー」という僕に、シェルパは日本語で答えた。

「ギリシアジン、アッタマワルイ。シェルパ、テンサイ」

僕は大笑いした。

荷上げで喉を痛めたり、体調を崩したシェルパたちが、続々と僕たちのテントを訪れた。凍傷の手当てや簡単な治療は、たいがい渡邉さんが面倒をみた。僕たちはけっこう役に立っていた。人の役に立つことは何より嬉しいことだった。

ニコスは体もでかいが、態度もでかかった。エベレストが終わったら、すぐにマッキンリーに行くという。僕が、隣で聞いている華奢な渡邉さんが、「南壁アメリカン・ダイレクトから初登攀に成功してるぞ」と教えてあげると、その巨体を小さくし、手で顔を隠して渡邉さんを見ないようにした。その仕草が妙におかしくて、〝国際寄せ集め隊〟のダイニングルームを明るくした。すっかりベースキャンプは、僕たちにとって居心地のよい生活空間になっていた。

五月十一日、午前四時四十五分、僕と渡邉さんはベースキャンプをあとにした。六時間半後にはすでにＣ２にいた。僕たちの調子は悪くはなかった。

Ｃ２から見上げると、ローツェのルートがどうなっているのかさっぱりわからない。クーロワールを登るということだけしか知らなかったし、あまり詳しい情報を持っていなかった。登った友人に聞いてみたことはあったが、たいしたことを言っていなかったこともあって、ルートに関してはあまり気にしていなかった。

「適当に行けば、登れるんじゃないか？」

僕たちはたいした気構えも気負いもなく、正月に八ヶ岳に行くような気分でローツェをとらえていた。

ただし、八〇〇〇メートルを超える山に登るには、天候が大きく左右する。チャンスをはずすわけにはいかなかった。成功の確率、安全の問題、ムービー撮影、スチール撮影としてのポイントなど、このローツェには多くの課題が含まれていた。僕にとっては、確実に登っておきたい山だった。

Ｃ３からピストル岩を越えて、ローツェ・フェースを左に大きくトラバースする。ジェネバ・スパーの手前でサウス・コルへのルートと別れ、ローツェの岩壁を目指して急斜面を直上するとＣ４、最終キャンプ（七八〇〇メートル）に到達する。

ありがたいことに、数日後エベレストに向かうシェルパやプルバたちが、荷上げとキャンプ設営のためにC4に上がってくれた。六人のシェルパとともに、岩壁基部に硬い氷を削ってテントスペースを作り、最終キャンプを一気に設営した。隣には、後から上がってきた韓国隊がキャンプを作った。われわれのシェルパと、韓国隊のシェルパそれぞれ一名が、ロープを張りに上部に向かった。僕たちは、明日の登攀具や酸素を確認し、食事をとってのんびり過ごした。C4は高度感があって、気持ちのよいキャンプだった。

五月十五日、午前一時三十分、僕たちは二人のシェルパ、アン・パサン、カルチャンとともに最終キャンプを出発した。だいたいのことは順調だったが、昨日の行動で、渡邉さんのペースがあまりよくないことが少し気になっていた。昨日、シェルパたちによって張られたロープの最終地点まで登り、そこからは担ぎ上げたロープを張りながらの登高だ。暗闇の急斜面を右上し、頭上に覆いかぶさるように広がる黒い岩壁を目指して高度を稼いでいく。冷たい空気のなかを、ただ上に向かって登る作業だ。月が出ていないから、ヘッドランプの明かりだけが頼りだ。しばらく単純な作業を繰り返していると、小さな岩の横で突然、シェルパが動かなくなった。僕たちはピッケルを刺してその様子を見守った。カルチャンが僕のところに下りてきた。「プロブレム(問題)」だと言う。一体どうしたというのだろう。どうもしきりに帰りたがっている様子だった。

ロープを固定するスノーバーが足りない、というのが理由だった。さっきから気になっていたことだから、すぐに自分の考えを伝えた。

「古いスノーバーを集めよう」

登ってくる途中で見かけた残置ロープに使われたものや、ムダに打ち込まれたスノーバーを回収することにした。二〇〇メートルほど下降し、僕とカルチャンは暗闇のなかで残置されたロープをたぐり、使えそうなスノーバーをかき集めた。

彼らが帰りたがった本当の理由が、実はほかにあった。彼らが立ち止まって動かなくなった場所には、小さな岩ではなく遺体が横たわっていたのだ。道理でおかしいと思ったわけだ。

そんなことをやっている間に韓国隊が追いついてきた。こちらが必死になってスノーバーを集めてきても、何ひとつ声もかけず、われわれの張ったロープを勝手に使い、再び僕たちがルート工作を始めるまで、じっとその場で待機しているだけだった。

空がようやく明るくなって、頂上に延びるクーロワールの入り口に着いた。傾斜がきつくなり、悪い部分を越えたあたりで、手持ちのロープを使い果たした。このあたりから逆層の岩が不安定に積み重なった、いやらしい登りに変わった。ありがたいことに、フィックスロープが所々残されていた。切れかかった古く脆い残置ロープは、うまくごまかして利用した。頂上は遠く、まだ遥か先だった。

いきなり左腕に衝撃が走った。落石だった。何が起こったのか一瞬わからなかったが、あまりの痛みにその場にうずくまった。気絶するのはまずいなと思って、体をその場に固定した。なんとか動かすことができたので、とりあえず骨折していないのが救いだった。

われわれが休んでいる間に先行した韓国隊が、今度はしきりに岩を落としてきた。狭いクーロワールは落石が集中して、下にいる者はたまったものではない。右肩に一発くらい、渡邉さんも数発の岩を何カ所かに受け、僕たちは落石を恐れて身動きがとれなくなっていた。しかし、それよりも渡邉さんの状態が気になり始めた。調子がよくないのか、ペースがまったく上がらない。時間がかかることは危険なことだったし、酸素の残量が気になりだしていた。刻々と時間は過ぎ去っていく。なんと遠い頂上だ。僕はローツェをなめていたことを悔いた。ヘルメットもベースキャンプに置いてきてしまったし、ロープもスノーバーも足りなかった。酸素だって予備が必要だった。まさか渡邉さんが体調を崩すとは計算に入れていなかったのだ。こんなに遅い登り方を見たのは、初めてのことだった。

僕は何度も、渡邉さんに「大丈夫か?」と尋ねた。時間がかかり過ぎていることが不安だった。下りの途中で酸素がなくなることが、かなりの確率で予想された。僕は自分の酸素流量をしぼることにした。少しでも酸素を残さないと、帰りが危険だったからだ。何度も何度も、僕は渡邉さんの意識を確認した。今ここで判断をミスすれば、僕たちは間違いなくやられることを感じたからだった。

クーロワールを抜けた、左側の岩峰がローツェの頂上だった。積み重なる不安定な岩が、さらに登高を鈍らせた。一体いつになったら頂上に着くのか、時間は容赦なく過ぎていった。頂上に近づくと、ときどき強い風で雪が舞ったが、上空がいつまでも青空だったことが救いだった。

夕方四時過ぎ、僕たちはようやくローツェの頂上に立った。しかし、一体何時間かかったんだ。早く下降したかった。シェルパもしきりに下りたがった。のんびり風景を眺める余裕はなかったが、やらなければならない作業が残っていた。

ムービーはもう回さなかった。夜明けに落石をくったときから撮影という一連の作業が途絶えていたから、ここで撮っても絵はつながらなかった。

僕は、ある時点から撮影者としてのクライミングを放棄していた。撮影なんかしている場合ではないと判断したからだ。痛めた腕のこともあったが、集中して考えなければならないことがほかにあった。早く安全圏内に戻らなければ、という精神的な余裕のない状況が、カメラを構える気力も集中力もなくさせていた。優先すべきは安全の確保だった。

頂上では、なんとか三五ミリのスチールカメラを使った。登ったことを証明するためには、絶対に必要なものだ。目の前に屹立するエベレストはチベット側に大きく雲を飛ばし、風の強さを表わしていた。世界最高峰をバックに日の丸を持つ渡邉さんの姿が、超高所の風景に溶け込んだ。渡邉さんの精神力はたいしたものだ。普通ならここにいないのが当然だ。だが、まぎれもなく彼女は、八五一六メートルの頂上に立っているのだ。ときどき強い風が吹きつけたが、もうそんなことは気にならなかった。せっかく持ち上げた中判カメラは、残念ながら管理をミスをしてシャッターが切れなかった。

無線で誰かと話すわけでもなく、写真を撮ったら一刻も早く下りることが重要なことだった。酸素はもうわずかしか残っていなかった。

クーロワールまで戻って残置ロープにカラビナを掛ける。全体重を預けるには、あまりに危険過ぎるロープだった。破損の激しい心細いロープを頼りにして、丁寧に下降を始めた。しばらく下りて、クーロワールの一番落石が集中するあたりで再びペースが落ちた。渡邉さんの酸素が切れたからだ。アン・パサンのボンベと交換し、再び下降を繰り返した。あとから下りてくるクライマーがときどき石を落としてくれた。急いでこの場を離れたい気持ちと、なかなかペースが上がらない状況が重なって、精神的に辛い下降が続いた。

視界が大きく広がり、雪壁にたどり着いたところで少し休んだ。落石の恐怖から逃れ、ようやく笑顔を取り戻すことができた。シェルパも安心した様子だった。最終キャンプに帰り着いたときには、まだ太陽が残っていた。狭いテントで水を作り、簡単な食事をとり、いつものように冷たいシュラフにもぐり込む。当たり前のことがありがたかった。

エベレスト登頂

翌日、渡邉さんは何事もなかったように、さっさと下りていった。昨日の状態はなんだったんだ。僕は呆れて彼女のあとを追った。調子も悪くなかったので、一気にベースキャンプまで下降した。そっと自分のテントに戻ると、みんなが出てきて祝福してくれた。僕たちは無事に帰れたことを喜び合った。昨日、ローツェで悪戦苦闘していたとは思えないほど二人とも元気だった。

僕はテントに入り、初めて自分の腕を見て驚いた。道理で動かないわけだ。広範囲にわたってひどい内出血を起こし、異常に大きく膨れていた。右肩は青いあざとなって腫れていた。見にきたプルバは、何も言わずに驚いている様子だった。渡邉さんも落石をくらっていたが、それよりも凍傷のほうが気がかりだった。本人は大丈夫と言うが、やはり心配だった。

僕たちは大いに反省した。渡邉さんは、「あんなのは初めてだ」と言った。

「トレーニングをしなければダメですね」

僕にしたって同じことが言えた。今回はろくにトレーニングをしてきてはいなかった。通常ならば、半年前からのプログラムでトレーニングを組み立てているが、今回に限ってはほとんどできていなかった。完成していたのは、せいぜい体の内側からの栄養管理のみだった。心構えの部分が欠如していたのだ。大きな原因は、計画の決定が遅かったせいだ。そのことが渡邉さんのトレーニングにも影響させてしまった。

テントの横には、普通に洗濯している渡邉さんがいた。その姿を見て、「この人だから可能なのだ」と改めて思ったりもした。圧倒的な登山経験と高所経験が、トレーニング不足にもかかわらず、それをカバーして無事に登って帰ってくることを可能にした。どこにそんな力があるのか、彼女は六十五歳で、五つ目の八〇〇〇メートル峰に登頂した。たいしたものだった。

「玉枝さん、あれだけ調子悪くて、よく登りましたね」

登攀中あまりに登るスピードが遅過ぎるために、僕は途中で下りたほうがいいのではないかと何度かもちかけた。「大丈夫」という返事が返ってきていたが、うっかりすると高度障害で判断力を失っているのではないか、とさえ思えるほどの最悪の状態だった。

「あのとき、どうして下りなかったのですか」

僕が尋ねると、渡邉さんは笑いながら答えてくれた。

「だって、登りにきたんだからね」

それはそうだが、なるほど、そこに渡邉さんのクライマーとしての本質があった。簡単にはあきらめない姿勢が、彼女の輝かしい登山歴をつくってきたのだった。

「なかなか難しいもんだ……」

渡邉さんの静かな話し方が、高所登山の本質を表わしていた。

「でも、うまくいったからよかったですよ」

「でもねえ、エベレストが一昨年、簡単にいきすぎちゃったんだよね」

「ありゃ、簡単だったからな」

「ぜんぜん苦しんだところがなかったの」

「オレもそのつもりでいたから、今回の酸素量の設定で十分足りると思っていたんですよ。だからもう一本上げておけば、三リットル以上出して登れていたんですよ。今回、シェルパが二人だから、計算上からすればなるべく荷上げ量を少なくしたほうがいいからね」

「酸素の苦しさもあるけど、体調が、なんか体の調子がね。今回、Ｃ２に行くときバテバテのときがあったじゃない。あっ、これはちょっとおかしいぞと」

「登頂のときも調子悪かったんだよね。初めてあんなの見たからさあ」

「初めてあれだけバテた。あれはトレーニング不足かな、プラス年齢」

「でも、比較的うまくいったんじゃないかな」

「いい薬になりました。あれでね、頂上に届かなかったら、ちょっとね」

「それもしょうがないんだけど、そういうこともあるよ。あれで無理して行って遭難しちゃったら、どうしようもないからね」

「おもしろかったですよ」

「なかなか充実した登山でした」

ベースキャンプに戻ってクライミングを振り返ったとき、穏やかでいい時間が流れていた。


朝、僕のテントに鳥がとまった。気分はよかった。

「さて、次のエベレストはどうするか」

落石で痛めた腕のことは気にしないことにして、まずは休養を取ることが先決だった。ケガはやがてよくなるはずだったし、歩くことができれば、エベレストはなんとかなると思っていた。

天候の周期を考え、二日間の休養をとってベースキャンプをスタートすることに決めた。スケジュールの見直しと撮影の準備をしながら、のんびりすることが僕の大切な過ごし方だった。頂上へは、プルバとトクテンが一緒に上がる。まるで工事現場にいるようなおじさんチームだったが、二人とも経験のある強いシェルパだった。エベレストに登るだけなら自分一人でも可能だったが、撮影機材の荷上げがあるため、シェルパのサポートはどうしても一人必要だった。もう一人雇った理由は、完全な撤収と万が一に備えての考えだった。人に迷惑をかけることだけは嫌だった。多少のお金をかけることは、ある意味必要なことだった。

「先にカトマンズに下りてください」

渡邉さんの凍傷が少し気になっていた。渡邉さんは、僕を待って一緒に下山することに決めていた。僕は事故を起こすようなクライマーではなかったから、安心して下りてもらっていいと考えていたのだ。自分はそれほど強いクライマーでもなかったし、精鋭的なクライマーより一歩も二歩も手前に限界点があることを知っていた。仕事上の習性なのか、事故を起こしてはいけないということを誰よりも意識していた。それがプロの登り方だった。そのようなことができるから、僕の生活は撮影という仕事で成り立っていた。

五月十九日未明、暗闇のなかを渡邉さんに見送られて、一人アイスフォールに向かった。プルバたちは一日遅れてベースキャンプをスタートする。僕はC2から二日かけて最終キャンプのサウス・コルへ。プルバたちはC3を飛ばして、C2から一気にサウス・コルに上がり、そこで僕と合流する計画を組んだ。休息は十分とは思えなかったが、天候との兼ね合いで早めにベースキャンプをスタートすることが必要と思われた。

C1付近で、エベレストに成功したベルギー人のフェラーリ野郎とすれ違い、彼の成功を祝福した。彼は、僕のエベレスト成功を祈って送り出してくれた。しばらくしてニコスがゆっくり下りてきた。僕たちは大げさに抱き合い、彼のエベレストと僕のローツェの成功を祝い合った。ニコスはベースキャンプに下りた後、ローツェにはトライすることなく登山活動を終了した。

C2にはもう一人のベルギー人とアメリカ人がうずくまっていた。彼らの若いシェルパがいきなりすごい勢いで話を始めた。とりあえず登頂には成功したものの、下降に手間取り、夜遅くなってようやくサウス・コルにたどり着くことができたという。通常、エベレストの頂上からサウス・コルまで六時間もあれば余裕で戻れる時間だ。彼らは二倍以上の時間を費やしていた。どうしたらそんなに時間がかかるのか、信じられない気分だった。サウス・コルをスタートして、二十四時間近く行動していたことになる。酸素は一体どうしていたのだろう。普段は笑顔が絶えないシェルパだったが、よほど苦労したのか、いつもの元気な明るさは失われていた。二人は指先を凍傷にやられていた。変色して黒ずみ、あるいは水泡にやられた指が痛々しかった。なんの処置もせず、だいぶ時間が経過していることが気になった。

これは少し削らないとダメだなと思いながらも、僕は彼らに応急手当を施した。彼らは鎮痛薬も抗生剤も何も持っていなかった。僕は幾つかの薬を与え、できる限り早く下りることを勧めた。下に下りたら、ヘリコプターをチャーターして、早急にカトマンズに下りることをアドバイスした。彼らはエベレストに成功したものの疲労が激しいせいか、ちっとも嬉しそうな顔をしていなかった。

五月二十一日、空はどんよりとして冴えなかったが、僕はC2をスタートした。歩いているのは僕一人だった。相変わらず腕はうまく使えなかったが、徐々に痛みは和らいでいった。天候はよくなかったが、誰もいない広大な斜面を一人登る感覚が気持ちよかった。ほとんどの隊が撤収を終えて、数張りのテントしかC3には残っていなかった。最初の好天をつかんだクライマーたちは、すでにエベレストへの挑戦を終えていた。これから頂上へ向かうグループは、ほんのわずかだ。もう撤収の時期が近づいていた。

ローツェ・フェースの真ん中、誰もいないキャンプは気持ちがよかった。一人で水を作り、食事をとった。ときどきひどく降る雪が気分よくなかったが、夕方には天候も回復して撮影したり星を眺めたりして、けっこう楽しい時間を過ごした。

翌日、晴れるかと思ったが、相変わらず天候はよくなかった。クライマーは誰一人として見当たらなかった。ローツェ・フェースをトラバースし、ジェネバ・スパーに取り付くと、あとから追ってくるプルバたちの姿が遥か下に小さく確認された。相変わらず早かった。C2から酸素も使わず荷物を背負って、ダイレクトに登ってくるシェルパたちの強さは驚異的だった。

サウス・コルに上がると風がいきなり強くなった。プルバたちを待ってテントを設営した。整地の必要のない平らなコルは、テントの設営が簡単だった。

水を作り、食事をすますと、数時間後には再び装備を着けて歩きはじめなければならない。ほとんど寝る間もなくスタートする時間が迫った。夜二十一時三十分、風が強過ぎる。天候が悪化したため、今夜のアタックは見合わせた。僕たちは酸素を吸って、再び眠ることにした。なんだかホッとした気分だった。

五月二十三日、天候が回復した。とりあえず昼間はのんびり休養をとれることが嬉しかった。このキャンプは快適だ。安心してその辺を散歩できるのが楽しかった。僕は退屈だったので、そこら辺をウロウロした。ここのウォーキングはけっこう楽しめる。シェルパは酸素や燃料を拾ってきたし、僕は缶詰や食料を拾い集めた。これで数日間の滞在が可能になった。

一体誰がサウス・コルのボンベを下ろしてしまったのか。おかげで拾う楽しみが減ってしまった。ここは地球最高所の博物館として、その歴史あるボンベを残しておくことが、人類がエベレストに到達した証として、将来化石となって証明されるはずだったのだ。

こういうことを書くと、環境に敏感な人からは「最低」の称号をいただくことになる。あまりに無知で無教養だと嘆くのだ。だが、僕たちは最善の努力をして、持ち込んだものはすべて撤収することを目指してきた。それでも天候の急変や下ろしたくても下ろせない状況に、心を痛めたこともあった。時代とともに、エベレストを訪れる人が極端に増え、残された酸素ボンベが、ゴミとしてきちんと識別されるようになった。僕には古い酸素ボンベが、懐かしい人間のにおいを感じさせる記憶のように見えるのだった。

今回、計画書のなかに「八〇〇〇メートル付近の酸素ボンベ回収」を目的のひとつにあげている。普段は山登りに精一杯で、そんな立派なことは考えないのが僕の性分だ。だが、そのように思ったのは、昨年のエベレストでどうしても下ろしきれないボンベがあったからだった。たくさんのシェルパを使っておきながら、そんなこともできなかった自分のタクティクスに対する反省のようなものだった。

チベット側の方に少し行くと、昨年、三浦さんたちと積んだ鷲の墓がそのまま残っていた。ここは生と死の境目。どうしてこんな所に上がってきてしまったのだろう。以前、西稜の六六〇〇メートルでユキヒョウを発見したときと同じことを思った。そんなことは誰も説明できないことだった。

午後十時、僕たちはサウス・コルをスタートした。無数の星が輝き、呼吸音とアイゼンのきしむ音が心地よいリズムをもって響いてくる。最高に贅沢な時間だ。ローツェの後方からはサソリ座、天上には天の川。自然との一体感。探していたものがここにある。

バルコニーに上がると、やがてチベット側から夜が明け、神々しい光が全身を包んだ。僕の前にはもう誰もいなかった。南峰（八七五〇メートル）で新しい酸素ボンベと交換し、使用してきたボンベはデポして帰りの予備とする。ビデオを回し、シャッターを切る。休むヒマはどこにもなかった。南峰から一度下り、そこから一気に頂上への細い稜線に踏み込んでいく。ヒラリー・ステップはふかふかの雪が着いて少し登りにくかったが、岩にアイゼンが掛かれば簡単に越えることができた。僕にはルートが手にとるように見えていた。プルバもトクテンも、もはや自由に心のままに頂上に向かった。

五月二十四日、午前七時五十分。再びエベレストの頂上に立った。どこまでも広がる懐かしい景色がそこにあった。二人と握手を交わし、成功を喜び合った。ビデオカメラを回し、スチール写真を何枚も撮った。プルバは何度も僕に向かって「グッドサクセス！」と言って喜んだ。トクテンは、ベースキャンプのシェルパたちに誇らしげに無線連絡を入れた。

僕はカメラを置き、持ってきた白いカタを頂上に残されたタルチョーに結びつけた。雪が吹き飛ばされて蒼い空に消えていく。凍りつくような冷たい空気が気持ちよかった。

頂上を去る前に、一枚の写真を撮った。一番高いところにピッケルを突き立て、その横にビデオカメラを置いてシャッターを切った。このエクスペディションのすべてが、その一枚に集約されていた。

この計画はたくさんの人に支えられ、助けていただいてようやく実現できた。しかし、「やってみよう」と思ったこととの何ができたのだろう。「たいしたことなんかできなかった」というのが実感だ。

でも、大切なことは「やってみる」ということだった。記録された映像の向こう側には、撮影を試みる精一杯の自分の姿が映し出されていた。

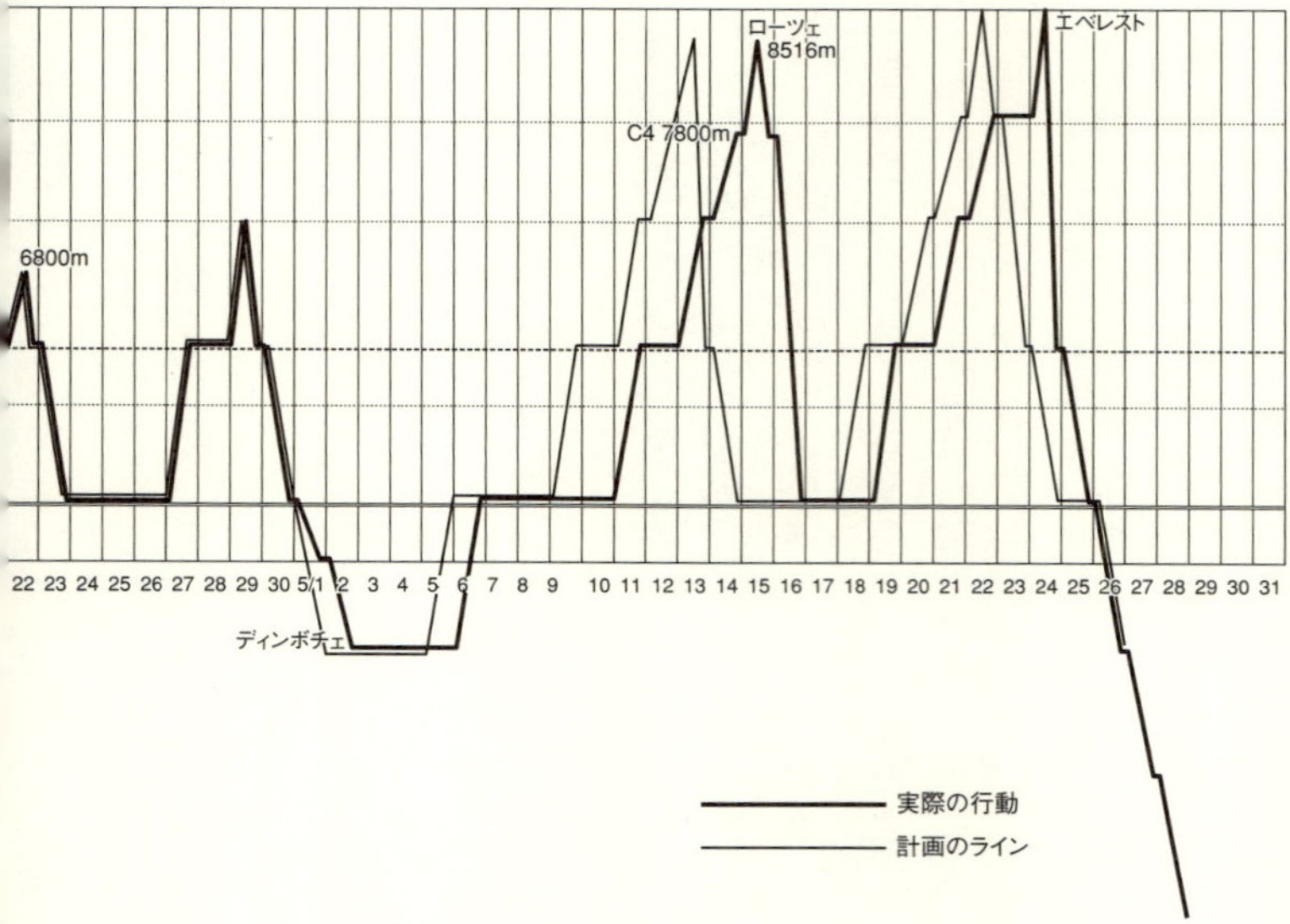

サウス・コルでもう一泊

順応方法は、過去うまくいった経験から２００２年、２００３年のエベレストと同じ考え方を採用している。２年も連続してエベレストへ行っていれば、たいがいの予測はついてくるものだ。ほとんど計画通りに行動し、二つのピークに登頂した。きれいなラインがタクティクス表に示されている。

ローツェは、最終キャンプから頂上までが予想以上に時間がかかったが、翌日７８００メートルから一気にベースキャンプまで下っている。こうした行動が安全登山の基本だ。

エベレストはサウス・コルで1泊滞在する計画に修正した。通常、サウス・コルを前日の夜22時ごろにはスタートしなければならないが、その場合ほとんど休養がとれない。それよりも1日ゆっくり休んで体力を回復させ、登頂したほうが遥かに行動としては楽だ。天候さえ恵まれれば採用したい方法だ。

登頂した後、サウス・コルに泊まらず、一気にＡＢＣまで下りることができるのは、そ

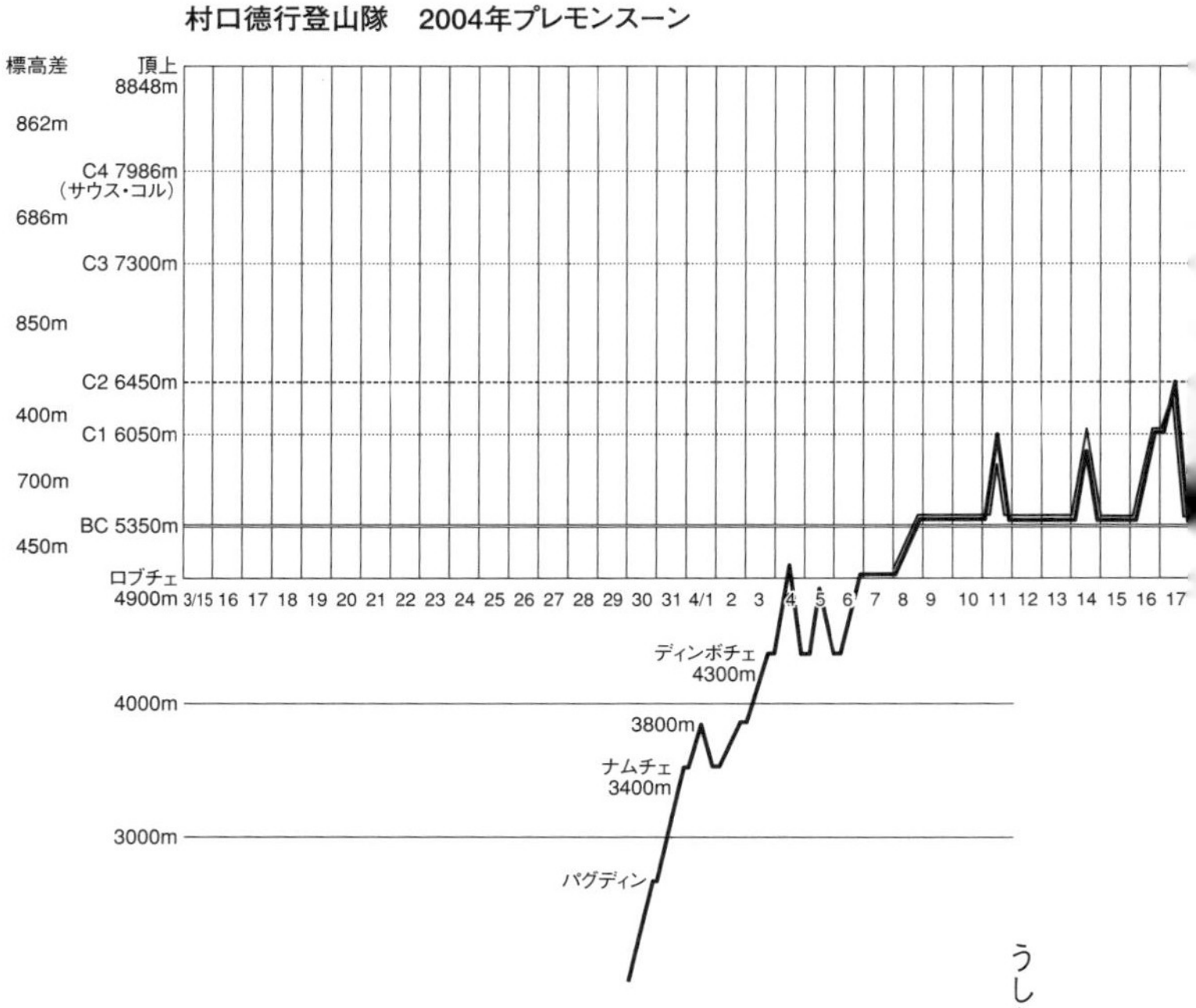
村口徳行登山隊　2004年プレモンスーン
標高差
頂上
8848m
862m
C4 7986m
（サウス・コル）
686m
C3 7300m
850m
C2 6450m
400m
C1 6050m
700m
BC 5350m
450m
ロブチェ
4900m
3/15 16 17 18 19 20 21 22 23 24 25 26 27 28 29 30 31 4/1 2 3 4 5 6 7 8 9 10 11 12 13 14 15 16 17
ディンボチェ
4300m
4000m
3800m
ナムチェ
3400m
3000m
パグディン

うした理由も影響している。理想的な行動だ。

MURAGUCHI EVEREST/LHOTSE EXPEDITION 2004

隊　長　　村口徳行

隊　員　　１人

日　程　　2004年３月～５月

概　要　　５月15日、村口徳行、渡邉玉枝、シェルパ２名がローツェに登頂。５月24日、南東稜ノーマル・ルートから村口徳行、シェルパ２名がエベレストに登頂した。

第七章

三浦雄一郎　二度目の場合

――七十五歳の登頂

ルート変更

二〇〇八年春、三浦雄一郎さんは、再び世界最高峰へ挑戦するためチベット側からチョモランマを目指した。しかし、北京オリンピックを前にしたチベットの政情不安で中国国境が閉鎖され、二〇〇三年に登頂したときと同ルート、ネパール側からのエベレストを目指すことになった。計画はやむを得ずネパール側への転進となったが、中国側からの強制的な登山制限を受け、満足な登山活動ができないままに、ほとんどの日数を費やすことになった。

僕は二〇〇三年のときと同様、撮影兼登攀リーダーという形でこのチームに加わっていた。ネパール側への転進にあたって、タクティクスの組み立て、必要物資の見直し、輸送方法、予算などを再検討し、全体スケジュールを調整していくことが必要だった。

イメージはできていたのでそれほど難しい作業ではなかったが、あまりに短時間で出来上がってしまう計画に、どこか気分が乗っていない感覚は否めなかった。

三浦さんは七十五歳という年齢での挑戦、「最高峰には変わりはない」ということで今回の実施に踏み切ったが、それまで長い時間をかけて計画してきたチョモランマをあきらめなければならなかったことは、辛い決断だったはずだ。

創造性など今さらチョモランマのノーマル・ルートで求めることは難しいが、そうはいっても自分の試みたことのないルートに挑戦することで感じる不安や驚き、初めてたどろうとする未知のルート、そういった登山のおもしろい部分が決定的に欠け落ちてしまうことは残念なことだった。ある意味クライミングの価値が下がってしまうことだったし、自分の抱える撮影という視点からすれば、チベット側からの挑戦は、三浦さんの魅力を引き出すための重要な要素でもあったのだ。

三月十五日、チベットへの外国人入域が全面禁止になった。この日、五十嵐和哉さんと僕がカトマンズに向け出発した。前日、テレビではチベットの不穏な情勢が映し出されていたからどうなることやらと思っていたが、先のことはあまり考えないようにして日本をあとにした。一日遅れて三浦豪太くんが出発し、先発隊三名がカトマンズでの準備にあたった。

五十嵐さんと豪太くんはエージェントとのやりとり、食料の買い出しなどを、僕はカトマンズにデポした酸素の確認と点検、装備関係の準備を、それぞれ分担して作業を進めていった。

三月二十一日、三浦隊本隊がカトマンズ入りし、休む間もなく翌日から高所順応のためにクーンブに向かった。四三〇〇メートルのディンボチェで三泊し、五〇〇〇メートルくらいまでの順応行動をして十日間のトレーニングを終えた。

最も気になっていたことは、日本からの別送品のことだった。計画では日本で梱包した装備、食料などは直接ラサに送る予定だったが、あまりにチベット情勢が不安定なため、すべての荷物をタイミングを見計らってカトマンズに集結させることにした。中国登山協会からは受け取りの都合上、荷物を早く送れと打診してくるが、現実的にわれわれがチベットに入れるかどうか、はっきりしたものは何も見えなかった。ネパール側から陸路での輸送量が増えることで予算を圧迫することが懸念されたが、登山計画が中止あるいは変更された場合、中国側に送ってしまったら最後、二度と取り戻すことはできないことが容易に想像できた。中国という国をある程度理解してくると、簡単に信用することはできない、というのが僕の考えで、これは大方外れてはいなかった。

トレッキング期間中、チベットの情勢は依然としてよくならず、入域の可能性は極めて難しい状態が続いた。登山活動に関する中国からの回答もなければ、許可のための条件すらも提示されなかった。今回の入境規制は、登山協会、体育局レベルの問題ではなく、安全局、軍が絡んだ規制であり、簡単に解決しそうな状況ではなかった。入山できる可能性は低いという情報が、われわれのもとに伝わっていた。中国側チョモランマのベースキャンプは、北京オリンピックの聖火隊がすでに陣取り、仮に許可が出たとしても、状況から判断してこのシーズン、中国に入ることは得策ではなかった。

チベット側からのチョモランマを断念して、ネパール側へ転進することが可能かどうか、あるいは今回は見送り次回に備えるか、行く先が決まらないまま、四月一日、カトマンズに戻った。状況は変わらず、チベットへの入域は不可能になった。それまで長い時間あたためてきた計画を、やむを得ずあきらめなければならないことは残念なことだった。そうなることは、日本を出発するときからある程度は予測できていたが、現実的に受け入れるにはけっこう辛い作業だった。

三浦隊はネパール側から登ることを決定し、正式にネパール側からの登山の申請をした。しかし、ネパールへは中国からの強い圧力によってさまざまな条件がついていた。四月一日から五月十日までの期間、主に以下の活動が禁止された。C2以上の登攀、バリエーションルートからの登攀、映像による記録、指定された周波数以外での無線の使用、許可のない取材活動、六時以降の山での活動などだ。これは中国側から登る聖火隊へ配慮したものだった。

カトマンズでは、日本から届いた別送品のチェックやネパール側での登山に合わせた荷物の再梱包が必要だった。チベット側のアプローチは、ベースキャンプまで車で入れるために気楽だったが、ネパール側になったため輸送形態が変わり、荷物管理に気を遣わなければならなかった。

食料計画や輸送のスケジュールなど、シェルパたちと細かい打ち合わせをするが、書類上の処理などが必要なものは、カトマンズの役所が選挙で機能していないために後回しになった。

四月八日、三浦隊は再びルクラに飛び、ネパール側からエベレストを目指した。この計画変更について、三浦さんは次のように著書に書かれた。

〈チョモランマがエベレストへ。中国側ルートを断念。これについて日本のテレビ局などから感想を求める質問がヒマラヤまで飛んできた。私はこう答えた。

「登山や探検活動、あるいはスポーツにおいても、昔からこうした政治がらみの問題がいくつもあり、それにともなう予定変更はたびたびあることだ。今回はネパール政府が我々に急遽エベレスト登山の許可を出してくれたので、七五歳でエベレストに挑むことができる。どのようなルートでも、世界最高峰を登ることには変わることはない。」

今回の七五歳世界最高峰チャレンジに向けて、ヒマラヤへの四回の遠征を試みた。二度の心臓手術で、昨年はチョモランマの六六〇〇メートルまで対応できた。この経験が、それ以上の可能性、つまり登頂へと意欲をかり立てた。チョモランマがエベレストに変更になったとしても、年齢や病気などいくつもの障害を乗り越えた挑戦である。目指すのは世界最高峰なのだ。前向きな気持ちに変わりはなかった〉（三浦雄一郎著『冒険家　75歳のエベレスト挑戦記』実業之日本社刊）

僕は登山許可証をもらうために、一人カトマンズで時間を潰していた。とりあえずネパール側で登山をするには、リエゾンオフィサー（連絡官）が必要だった。彼を交えて観光省の役人とブリーフィングをしないと、登山許可証が手に入らない仕組みになっていた。

つまらない用事はさっさと終えてあとを追いたかったが、こちらの都合に合わせてくれるような国ではなかった。ネパールの新憲法を制定するための制憲議会選挙が行なわれることになり、ニューイヤーと重なって公共機関のすべての機能がストップした。そのおかげで、早く作業をすませたかったが、じっと待つ以外に方法はなかった。思うように事が運ばないのは、ネパールの特徴みたいなもので、こんなことはたいしたことではなかった。いろいろなケースがあったが、カトマンズで待たされることはいつものことなので、もうすっかり慣れていた。エージェントとの打ち合わせを終え、街をブラブラして飽きると、たいていゲストハウスの屋上にいた。空を眺めて音楽を聴いたり、本を読んだりすることが僕の日課だった。

もう何年も昔のことだったが、このゲストハウスで暇にまかせて一冊の本を読んだことがある。ネパールを訪れた旅人が置いていった色のあせた本だった。それは、大学探検部の二人がサハラ砂漠横断を目指した本だった。その旅のきっかけは上温湯《かみおんゆ》隆《たかし》という一人の冒険者だった。

サハラ砂漠は古くから交易路が発達し、キャラバンが盛んだった。だが、それは縦断であり、横断は達成されていなかった。一九七五年、彼は一頭のラクダとともにサハラ砂漠七〇〇〇キロの単独横断に挑戦し、その志《こころざ》し半ばにしてサハラの大地で力尽き、二十二歳という若さで生涯を閉じた。その上温湯隆という青年が残した日記を元にした『サハラに死す』は、当時、海外を目指す多くの若者に読まれ、バックパッカーにとってはバイブルのような本として読み継がれた。

〈あのあぶなっかしい情熱の姿が小さくなっているのを正直に認めなければいけない。旅を完遂させたい、その思いは絶対的なものだ。情熱、若さ、自分、哲学、自信、人生の意義、孤独、仲間、決断力、忍耐、勇気、夢…、それらが圧縮されているのがこのラクダの旅だ〉（上温湯隆著『サハラに死す―上温湯隆の一生』時事通信社刊）

サハラに向かう情熱とストイックな生きざまがストレートに描かれ、壮絶な最期に言葉を失った人々がどれだけいたことか。なんと熱い生があったのかと――。

上温湯隆が死んで三年後、同志社大学探検部の飯田望、児島盛之がサハラ横断の旅に挑んだ。同じ条件で上温湯隆の後をたどり、彼を超えることを目標とした。水が尽きて渇きに苦しみ、何度もラクダの逃亡と死の恐怖に直面する。たった一人で挑戦した上温湯隆を、精神的にどうしても超えることができない……。二人の意見は時として衝突し、途中、ガイドを雇うことで上温湯隆の記録を破ったが、政情不安により途中で断念することとなる。当時、若者の熱い思いがリアルに伝わる内容だった。

その記録を伝える『サハラ横断――苦闘の4150キロ、178日』（飯田望著、時事通信社）という本だ。挑戦する者たちが切ないくらいに純粋で、エネルギーに満ち溢れていた。

そんな本がないものかとカトマンズの古本屋を探してみたが、どうでもいいような本ばかりが並んでいた。冒険は絶えることなく今も続いている。だが、たったひとつの本が多くの若者の心を動かした、そんな時代は終わったのだ。僕は本探しをやめ、街の風景を楽しんだ。

ようやくカトマンズの機能が回復し、遅れていた輸送ヘリコプターの第一便を十四日に送り出すことができた。酸素の通関、数量、充填量の確認などをすませ、ブリーフィングを終えて、本隊から九日遅れてカトマンズをあとにした。

アイスフォール

ベースキャンプは異常な空気が漂っていた。ネパールの軍と警察がクライマーの行動を監視するといった信じられないような事態になっていた。

四月二十三日、われわれはベースキャンプ入りをした。先行したシェルパによって、比較的アイスフォールに近い場所が選ばれていた。そこは、望んでいたような静かな場所ではなく、各国登山隊のテントがひしめく一角だった。自分たちで決めたわけではなかったから仕方のないことだったが、あまりよい場所ではなかった。問題は目の前がネパール軍のキャンプだったことだ。日常生活を朝から夜まで監視されているようなものだった。こんなに広いところでどうしてここなの？　という疑問を持ちつつも、こうなった以上、お隣りと仲よくやっていくことが大人の知恵だった。

ベースキャンプ作りもほぼ落ち着き、二十八日、登山の安全を祈願してベースキャンプ開きのセレモニーを行なった。翌日からシェルパたちの荷上げが開始され、われわれは順応のためアイスフォールに向かった。最初の行動は、C1に一泊することで六〇〇〇メートルに体を慣らすことが目的だ。三十日早朝、ベースキャンプからいい知らせが入った。豪太くんに子どもが誕生したのだった。クライミングの最中に、ほのぼのとした時間が流れた。

五月四日、ベースキャンプで三日間休養して、二度目の順応に再びアイスフォールに向かう。クライミング・サーダーのダワ・タシが、なるべく撮影を控えてくれと言う。気まずそうな彼を見て、すぐに理解した。どこかの隊のシェルパがネパール軍にチクってくれたのだった。

もともと今回の登山をする条件として、五月十日までは映像による記録が禁止されていた。そのことはパーミッションをもらう時点で確認され、それ以前からある程度はつかんでいた情報だった。しかし、そんなことをまともに聞いていたら自分の仕事ができないどころか、今回、制作のテレビ番組が成立しなくなるのである。一回目のアイスフォールではそんなことも気になっていたので、なるべく目立たないように、人のいないときを見計らってカットを増やす努力をした。しかし、なんだか急速にこの登山がバカバカしく思えてくるのだった。ネパールは一体どうなってるんだ、それほどまでに中国に従わなければならないのかと気分が悪かった。

僕は撮影をいっさい中止した。隠れて撮影したっていいカットが撮れるわけがなかった。こんなにすごい大自然を前にして、カメラを構えることが何か悪いことをしているような気分にさせられることが腹立たしかった。撮影が禁止されていることは承知の上だった。そんなことは最初からわかっていた。しかし、冷静に考えてみても、どこか納得のできない構造に気分が冷めていく自分を感じていた。そんなことではイカンなと、そのことと仕事は別問題だと、普段考えなくてもいいことを考えてしまう始末だった。

アイスフォールでの撮影は、アタックに出るときにすべてのカットを撮影することにした。このような危険地帯ではのんびりとした撮影などできず、まして被写体の動きを止めることはあり得ないので、カット数をなるべく増やしておきたかった。いい絵はそのようにして積み重なっていくものだし、カメラマンの習性として、いい光やタイミングと出会ったとき、撮影をしたいと願うものだが、それすらもできないことは辛かった。

三浦さんの調子は良好だった。不整脈というハンディを抱え、二回の手術を経て今回の挑戦に結びつけた行動力はたいしたものだった。行動中いつも離れず、父親をサポートした息子の豪太くんもたいしたものだった。一緒に行動してみるとすぐにわかることだったが、五年前に比べれば若干パワーが落ちたとも思えたが、登る速度も行動内容も申し分なかった。これなら行けるんじゃないかと思えた。問題は八〇〇〇メートルから上で、どうなるかが不安の要素だった。

われわれは六四五〇メートルのC2に二泊して、順応トレーニングを終えた。キャンプの最上部にはネパール軍の兵士が滞在し、クライマーの行動を監視した。登山訓練を受けた要員が警戒にあたり、ネパール政府は発砲許可を与えている。自分の国であるにも関わらず、人を殺す武器を持った兵士をC2まで上げて、本来自由であるはずの登山に制限を加えた。人間が生へ向かって最も力強く踏みしめていく行為を、そのような形でコントロールすることにいらだちを覚えた。できることなら、こんなばかばかしいところから早く立ち去りたいと思う日が続いた。

なぜ中国は、ネパール側にまでこれほど制限を加えようとするのか。その理由は聖火ランナーの妨げになるという、南側からのルートではあり得ないばかばかしい理由だった。またそのことは、中国の権力に従わざるを得ないネパールという国の悲しさを極めてわかりやすく示していた。一説によれば、莫大な金が中国からネパールに流れたからとも言われている。都合が悪ければ、人の命を奪ってしまうことも平気で行なう国で開催されたオリンピックに、一体どこが平和の祭典かと、ただビジネスに利用されているだけではないのかと、不愉快な思いばかりが残った。

ベースキャンプに戻って翌五月八日、朝からエベレスト上空を飛行機が旋回した。中国聖火隊が登頂したのだ。ようやく本来の登山活動が可能になった。それまで禁止されていたC2以上のクライミングができるようになって、各国のテントは活気づいた。しかし、一番喜んだのはネパールの軍人だった。当然のことだった。彼らにしても好きで見張りをしているわけではないから、中国の圧力から解放されて嬉しかったに違いなかった。テントを撤収し、銃を担いで下山を始める軍人たちは嬉しそうだった。笑顔を振りまいて去っていく彼らの姿が印象的だった。

七十五歳の挑戦

エベレストはこれまでの経験や過去の記録から考えると、近年は五月中旬と下旬に大きなチャンスがあると言ってよい。通常なら、最初の好天に照準を合わせてタクティクスを組むべきだが、今回は後半のワンチャンスに賭けることにした。

体力や精神面を考えた場合、この登山隊に要求されることは、一度ベースキャンプを出発して上部を目指したら、できる限り短時間で登頂して戻ってくることだった。それは安全に行なうクライミングのポイントとして、とても必要なことだった。一度、天候などによってタイミングをはずしたら、次のチャンスは考えないものとした。

この試みは、相当なリスクが潜んでいる。年齢的なものはもちろんだが、三浦さんの抱える心臓の不整脈が不安要素だった。血液、血管、脈搏、血液運搬……、高所の環境を考えれば考えるほど、体の内側で低酸素が悪影響を及ぼすことは間違いなかった。問題だらけだった。そういうことをなるべく考えないようにすることが自分のスタンスだった。

冒険家に「危ないからやめろ」と言うのは的外れだ。大きなお世話だ。ほっといてくれと言うだろう。危ないことがわかってやっている人間に、そんな言葉は通じない。登頂はとても大切だが、同時に的確に引き返すタイミングが最も重要なことと思われた。

危険地帯に自ら足を踏み入れるのは、すべて自分の意志によって成立している。エベレストは、ある程度無理をしなければ登れない。無理し過ぎても登れない。そのへんの加減が難しい。超高所の世界では、何が起きても不思議ではない。それは人ごとではなかった。酸素のない異常な環境では、途中で動けなくなるという可能性は誰にでも十分考えられる。自分自身にもそれなりの覚悟が必要だった。

五月十日、三浦さんは体力の温存と、より回復を図るために雄大くんたちとディンボチェに下りた。翌日、豪太、五十嵐、村口の三名は、順応のため再び上部に向かい、十五日に全員がベースキャンプに集結した。

今回の登山隊は、クライミング・メンバーとして三浦雄一郎、三浦豪太、五十嵐和哉、村口徳行の四名。ベースキャンプのサポートとして三浦雄大、藤島弘徳シェフ、日本テレビ取材班・千野克彦プロデューサー、毛利立夫カメラマン、サンケイ新聞報道班・木村さやか記者、早坂洋祐カメラマン、という構成だ。

サーダーは前回に引き続きラクパ・テンジン氏、クライミング・シェルパ十四名、キッチン・スタッフ四名、日本人と合わせて総勢二十九名がベースキャンプで生活する。

アタック前のベースキャンプは、穏やかな雰囲気が漂っている。それぞれのんびり過ごすことで、上へ向かうエネルギーを静かに養う時間だ。今回のアタックは一回きり、モンスーン到来までのわずかな好天をつかむため、慎重に出発日を決定した。

五月二十日、アタック隊はみんなに見送られ、薄暗いベースキャンプを後にした。三浦さんは快調だった。とても不整脈の手術をした体とは思えないくらい、よいペースを保ってアイスフォールを越えた。C2で一日休養をとり、二日かけてサウス・コルへ登高を続ける。硬い氷の一枚板を立てかけたようなローツェ・フェースを、ただ黙って登る。フィックスロープに導かれて、登高器を動かす単調な登りだ。ジェネバ・スパー手前のトラバースあたりから天候が悪化した。視界がなくなり吹雪きはじめた。いきなり気温が下がってくる。三浦さんのペースが落ちはじめ、休む回数が増えた。少々不安を感じながらも、じっと見守ることしかできない。

三浦さんはゆっくり立ち上がり再び歩き出す。同じ作業を何度も繰り返し、ようやくサウス・コルに到着した。やることはたくさんあった。水作り、炊事の準備、シェルパと荷上げの打ち合わせ、酸素や装備の荷物分け、登頂シェルパの調整、それぞれに伴う撮影など、あっという間に時間は過ぎていく。しばらくして、この荒涼としたキャンプ地を夕日が金色に染めた。八〇〇〇メートルで見る夕焼けは、それこそ天の恵みとしか言いようがないくらい神々しいものだった。

五月二十五日、ここからがエベレストの始まりだ。サウス・コルまでは、アプローチと考えるべきだ。本当の怖さは、ここ八〇〇〇メートルから先にある。われわれは準備を整え、サウス・コルを後にした。

すべて順調だった。順調に思えていた。ところが、事態は一変する。サウス・コルからしばらくは、傾斜の緩い登りが続く。キャンプをスタートしてすぐに豪太くんが立ち止まった。

「どうした?」

「ゴーグルがうまく合わない」

短かい会話を交わして、すぐに三浦さんを追いかける。だだっ広い氷原をしばらく登るが、なかなか豪太くんは追いついてこない。来るのを待って再び歩き出す。次第に傾斜が増し、ほとんど休むこともできずにひたすら上部を目指して氷壁を登り続ける。豪太くんが珍しく遅れがちだ。いつもならピタリと三浦さんの後ろにつくはずなのに、今日に限ってなかなか追いついてこない。五十嵐さんが心配して「豪太を待つから、先に行っててくれ」と残る。先行した三浦さんと僕はようやく腰の下ろせる岩棚で、二人が登ってくるのを待った。

なかなか来ないので少し移動して下をのぞくと、下降していくクライマーの姿が見えた。まさかあいつが……。登ってきたのは、五十嵐さんだけだった。

「豪太、そこまで来たんだけど調子悪くなって……。意識がちょっと変になってきたのがわかって……」「ちょうどシェルパが下りてきたので、すぐ下りると言って下りました」

この展開は予想外だった。そんなことは考えてもみなかった。困ったことになったぞ。そのときに思ったことは、豪太くんの体調のことではなく、むしろ三浦さんのことだった。ザックにつけた心拍計を見ながらいつも父親の観察をし、心臓の心配をしていた豪太くんがいなくなった今、三浦さんに何か異変が起こったとき、的確な対処が自分たちでできるのだろうか。われわれの知識は、彼が今まで父親とともに行動し、積み重ねてきた知識や経験には遠く及ばない。適切な判断や処置は不可能に近かった。

「ＯＫ　ＯＫ、とにかくキャンプまで行こう」

三浦さんは上を見上げた。われわれはシェルパたちに豪太くんのサポートを託し、最終キャンプを目指すしかなかった。天候は荒れはじめ、不安な要素は限りなく続いた。

Ｃ５は五年前と同じ位置、八四〇〇メートルの黒い岩壁の基部に作られた。切り立った稜線上のわずかなスペースに、無理やり二張りのテントが張られ、われわれはなかに転がり込んだ。穏やかだった天候は崩れ、激しい吹き上げにテントは揺れた。

そのころ豪太くんは、懸命に下降を続けていた。われわれは無線連絡を待つしかなかった。しばらくしていきなり無線が飛び込み、豪太くんが無事Ｃ２にたどり着いたことを確認できた。息子を心配する三浦さんの気持ちが痛いぐらい伝わってきたが、どちらかと言えば、ここにいる三浦さんの方が心配だった。こんなひどいところで、人の心配をしている場合ではないのだ。われわれは極めて危険な超高所で、ビバーク同然の滞在をしているようなものだった。

恐ろしく狭いスペースで水を作り、夕食をとって横になるころには、もう出発の準備をしなければならなかった。午後九時、風が収まる気配はまるでなかった。依然として激しい風がテントを叩き、気分は重く沈んでいった。それでも星さえ出ていればと、わずかな期待をしてテントから顔を出してみたが、空は真っ暗だった。絶望的な状態に、ただ祈ることしか方法がなかった。サウス・コルからシェルパが到着し、あわただしく出発の準備に追い立てられた。天候状況は最悪だったが、われわれは上を目指すしか選択肢が残っていなかった。このC5に滞在することは、すなわち同時に頂上にたどり着けないことを意味していた。五年前、三浦さんが七十歳のときは、やむを得ずここに二泊した。なんとかなったからよかったものの、あんなのはどう考えてもクレイジーな行動だ。今回の滞在は一日のみ。それ以上はあまりに危険すぎる場所だった。

われわれは風雪のなかを、ヘッドランプの光だけを頼りにフィックスロープをたどっていく。あれほどイメージした星空はもう望めないのか。バルコニーの稜線が近くなってふと見上げると、吹き飛ぶ雲の間にぼんやりとした月が光った。一体どうなってしまうんだろう、と思っていた不安が急に消えていった。三浦さんはいつもの調子を保って順調に高度を稼いでいった。上空には信じられないような無数の星が瞬きはじめていた。下を見ると、暗闇のなかにさらに黒い雲の帯が流れ、高度を上げたことで、われわれが雲の上に飛び出たことを知った。

南峰への登りが近くなって、夜が明けた。気温は低かったが、視界は急速に広がっていった。不安定に雪のついた登攀が体力を奪う。急な岩稜を登りきって南峰に立つと、いきなり目の前にエベレストの強烈な個性が飛び込んできた。ここから見る稜線は、恐ろしく細く、頂上に向かって延びている。初めてたどる者には、まだ先に続く距離にため息をつき、不安や恐怖、決断、勇気といったものが試される場所だ。三浦さんは最後の力を振り絞り、地球の頂点に向けて踏み出していった。寒気は強烈だった。南西壁から吹き上げる烈風が、われわれの行く手を阻み、いつ凍傷になっても不思議ではなかった。凍てつくヒラリー・ステップを越えると、白い稜線は青い空へとまっすぐに続いていた。もう頂上はすぐそこに迫っていた。

五月二十六日、午前七時三十三分、世界最高峰の頂に、三浦さんは再び立った。七十五歳という驚異的な年齢での成功だった。五年前のエベレストでは見ることができなかった世界一のパノラマが、足元いっぱいに広がっていた。

三浦さんは頂上に座り込んで、ベースキャンプに無線を入れた。

「涙が出るほどつらくて、厳しくて、嬉しい……」

再び高く遠い夢の頂にたどり着いた瞬間だった。

五十嵐さんと僕は必死だった。無線交信、映像、スチールの撮影、感動なんて感じている余裕はなかった。あっという間に時間は過ぎ去り、われわれは頂上を後にしなければならなかった。

三浦さんは疲労していたこともあったが、いつもとどこかが違う感じだった。

僕はファインダーのなかに、もの足りなさを感じていた。豪太くんの姿がなかったのだ。四人で目指した頂上には、大切な一人が欠けていた。頂上を後に下降していく三浦さんたちを追いながら、五年前の記憶が重なって、どこか満たされない気持ちが残っていた。

この日、豪太くんはベースキャンプに無事生還し、誰もがその知らせを喜んだ。

登頂から二日後、再びみんなの笑顔がそろった。それは私たちが目指したもの。ベースキャンプはいつものように笑い声が響いていた。

「七十五歳の挑戦」三浦さんは再び夢を果たし、人類の限界をさらに押し広げた。

エベレストは人類の登山史に多くのドラマを生んできた。これからもたくさんのクライマーが、夢を追って極限の世界に新しい扉を開いていくだろう。

現在、三浦さんは八十歳で三たび世界最高峰に挑もうとしている。恐ろしい冒険家だ。

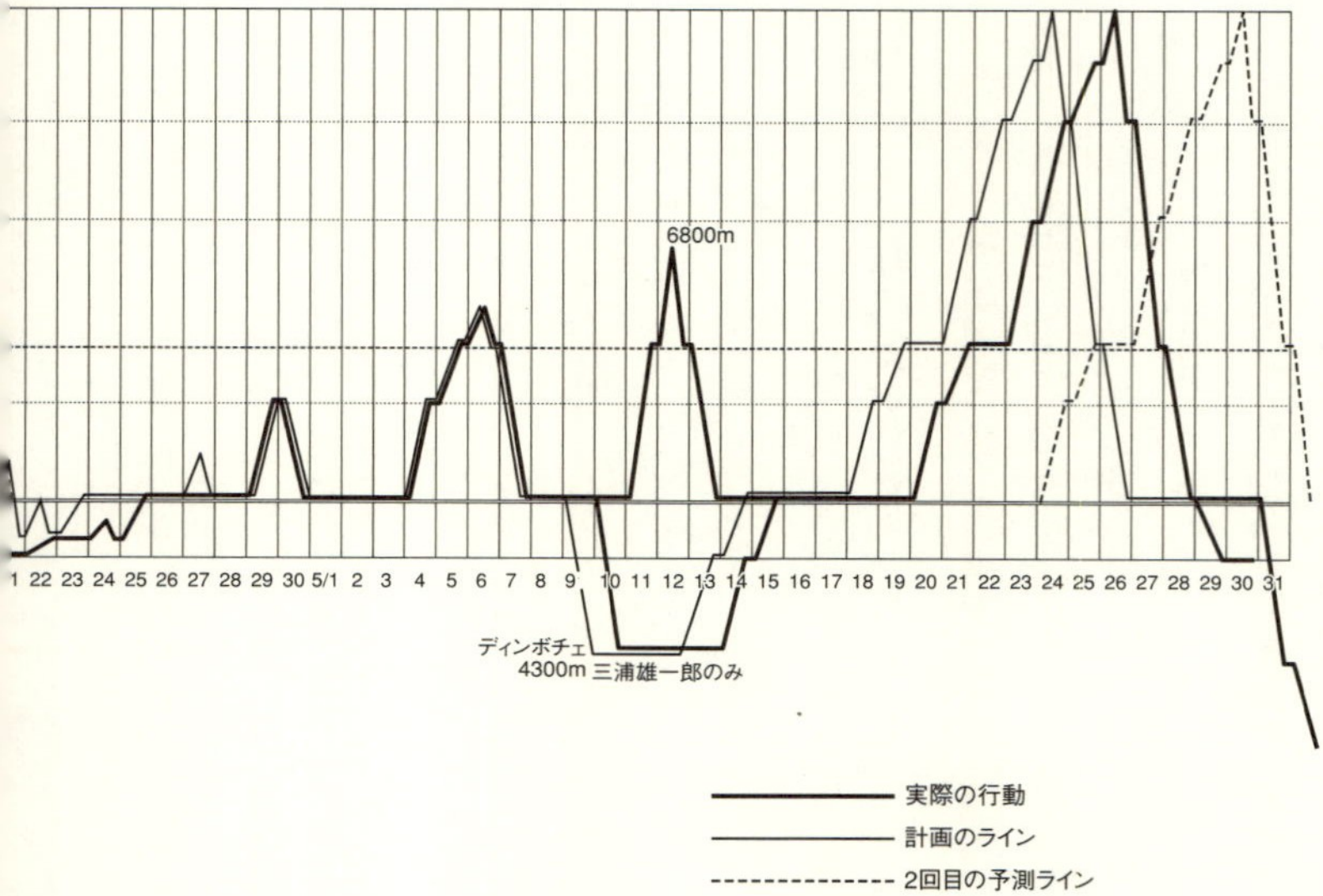

チベット側からネパール側に転進

この登山は、当初チベット側、チョモランマの予定で長期にわたって準備し、日本をスタートした計画だった。しかし、北京オリンピックの影響を受け、やむを得ずネパール側に転進することになり、急遽、カトマンズでタクティクスを組んだものだ。

チベット側に入る予定だったため、ネパール側での順応トレーニングでクーンブに11日間のトレッキングを行なった。カトマンズに戻った段階でネパール側の登山が決定し、登頂時期が5月後半にずれ込むことがわかっていたが、一度限りのアタックということでカトマンズをスタートした。しかし、中国政府からの規制はネパールにまで及び、中国隊の聖火が頂上に上がるまでは満足な登山活動ができず、不満ばかりが残る登山となった。

ベースキャンプからは2回のABC往復で、三浦雄一郎さんは順応トレーニングを終え、ディンボチェに下りて休養した。豪太くん、五十嵐さん、村口の3名は6800メー

三浦雄一郎登山隊　2008年プレモンスーン

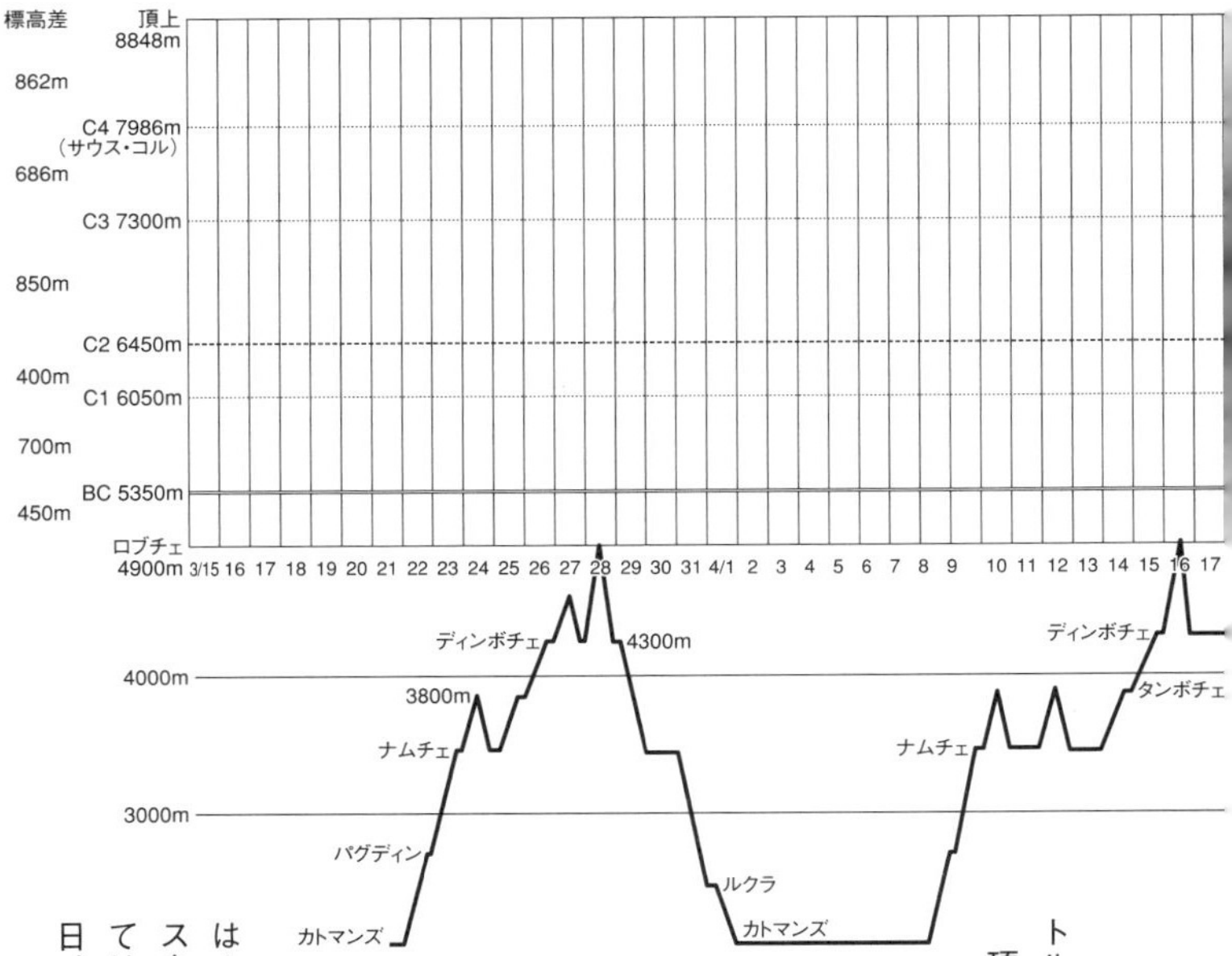

トルまで往復して、最終ステージを迎えた。頂上までは7日の計画でベースキャンプをスタートし、予定通りの行動で無事登頂を果たして下山した。三浦さんの75歳という年齢と抱える不整脈というハンディがどのような結果を生むのか不安だったが、アクシデントは豪太くんに発生した。

サウス・コルをスタートして数時間で体調を崩し、登頂を断念せざるを得なかったが、まさか脳浮腫を発症しているとは思いもよらない出来事だった。結果的に大事故には至らなかったが、それも豪太くんの体力と知識が自らを救ったと言ってもいいだろう。

2003年のときと同じ位置にC5（8400メートル）を設けたが、今回は1日の滞在のみとして、アタックのチャンスをうかがった。5月26日、三浦さんにとっては2回目のエベレスト登頂を成し遂げ、28日、全員が無事ベースキャンプに戻った。

Miura Everest 2008

隊　長　三浦雄一郎

隊　員　８人

日　程　2008年３月～５月

概　要　５月26日、南東稜ノーマル・ルートから登頂。三浦雄一郎、五十嵐和哉、村口徳行、シェルパ８名が登頂した。75歳の登頂記録樹立。

第八章

あなたの場合

――ネパール側とチベット側

すでにエベレストは始まっている

どうしたらエベレストに登れるのか。一度ぐらいは頂上に立ってみたいと思う人もいれば、そんなところには行けるはずがないと思う人もいる。僕の見解では、ある程度の体力と技術さえ持ち合わせている健康な人であるなら、十分可能だと思っている。ただ特殊な環境なので、そこに適応する能力や多少の精神力、知識などは必要だ。大雑把に言えば、そのくらいの要素さえあれば、あとはやり方しだいと考えてもいいだろう。ここで重要なことは、登頂して無事に帰ってくるということだ。そこに最大の意味がある。事故は、踏み出す以前に原因があることが多い。十分な準備さえしていれば、防げた事故はたくさんあったはずなのだ。

ヒマラヤに行くには、時間の確保と資金の調達が最大のポイントだ。身の周りの環境を整えて出発するまでには多くの問題を解決していかなければならない。実際の準備やトレーニング、健康管理など、出国するときにはその遠征の半分ぐらいは終わっていると言ってもいいだろう。

漠然と自分のスケジュールを考えてみたとき、すでにその人のエベレストは始まっている。人それぞれに準備をする時期は異なっているが、時間的には遅くても半年前ぐらいに動き出さないと準備が不十分になってしまう。これはトレーニング上の考えを基準として半年前としているのだが、そのくらいの時間がないと、高所用に体を作り変えられないのだ。そう言うとちょっとオーバーだが、意識するということが重要な要素につながっていく。僕は毎年、高所に行っているわけではないが、いつも秋になると憂鬱になってくる。大嫌いなトレーニングを始めなければならない季節なのだ。春のヒマラヤに備えて一応体だけは作っておかないと、いざ仕事が入ったときに受けることができないという情けない事態となる。これは生活に直結しているので毎年グズグズ繰り返す作業なのだが、意外とこの行動パターンはいい具合に成功していると思っている。スポーツ選手が試合に合わせてトレーニングの強弱を組み立て、調整して臨むスタイルを、自分のヒマラヤ登山にも取り入れるべきと考えているのだが、なかなかこれが難しい。毎年のように挫折と後悔を繰り返しながら秋が始まり、冬になってようやくペースが出来上がるといった具合だ。

具体的には心肺機能を高める運動、たとえば走ったり自転車をこいだり、種類はなんでもいいが高所登山には有酸素運動が必要だ。上半身の筋肉を必要以上につけず、下半身の強化を意識する。そのあたりが基本のトレーニングだろう。

エベレストに挑むには、本来いくつかのヒマラヤの高峰で経験を積んでからトライすることがけっこう重要なことなのだが、実際に何年もヒマラヤの高峰を登っていなければ、その経験はたいした意味を持たない。僕にしたって同様だ。最低限のレベルを維持しておくことが必要で、トレーニングをすることによってクライミング能力を高め、それが同時に身を守ることにつながっている。そのことが大きな意味を持つ。

このトレーニング期間中に、タクティクスを組み立て、登山の準備にかからなければならない。最初に基本的な行動を理解するために行動表（タクティクス表）というものを作る。高所順応、ルート工作、荷上げといった複雑な動きをわかりやすく示すための表だ。行動と休養のバランスを考えて理想的な線を引く。基準となるのは登頂予定日だ。数年間のデータをもとに、最も登頂確率の高いと思われる天候のよい日を登頂日と決めて、そこから逆算してタクティクスを組み立てる。このグラフが出来上がると、各キャンプの滞在日数や装備の配置が簡単にわかるので、そこに何人泊まることになるのか、要するに滞在人日数というのがわかり、必要な装備や食料の配分が計算できるという仕組みなのだ。

そのようにわかりやすくしておくことで、荷上げする酸素や食料、燃料などの数量や重量が見えてくる。こうした作業はけっこう重要な事項なので、一人では見落としている場合もあったり、数字的な間違いや勘違い、ムダと思われるものの選別など数名でよく検討しておきたい。この確認作業は、現地で問題が起こったときに一人で背負うとつらいので、責任を分散する意味でも逃げ道として必要な手順なのだ。

装備、食料、燃料、酸素、医療、通信機材など、必要と思われるリストが出来上がると、それに従って実質的な準備が始まるが、ここからが時間のかかる面倒な作業となる。たいていの場合、予算はぎりぎりに決まっている。できる限り現地のものを利用し、日本からは最小限のものだけを発送する。そうすることで輸送費が節約されてくる。たとえば梱包にしたって、余分な包装はすべてはずすことで重量を軽減し、ゴミとなるものを持ち込まない。工夫することで予算は削れるのだ。全体のスケジュールの流れを組み立て、あるいは修正しながら作業を進め、集荷から梱包作業を終えて発送するまでの期間、いかに短時間で完成させるかが大きな目標だ。これさえ終われば、もう遠征の半分は成功したようなものなのだ。身辺整理をして日本を出発すれば、あとは山に登ればいいのだから、それほど難しいことではない。

高所順応と八八四八メートルという高度

「エベレストを登るには、何日必要ですか」と聞かれることがある。実際、ベースキャンプをスタートして一日ごとに高度を上げていけば、通常なら四日目には頂上にたどり着くわけだが、現実的にはもう少しの時間が必要だ。オーソドックスな計画を組んでみると、約二カ月間というのがエベレストを登るためのおおよその目安だ。標高八八四八メートル、この高度の山を登るには、それだけの時間が必要になるということだ。

最近では、酸素を積極的に利用した短期間での計画が試みられている。登山期間を短縮することで体力の低下や体へのストレスを防ごうとする試みで、疲労回復の遅い高年齢層には有効な考え方だ。しかし、ここで問題となるのは、酸素に頼りすぎる危険性と順応の問題だ。

酸素をうまく使えば、エベレストは六〇〇〇メートル台の登山と同じになると言われている。具体的に言えば、ネパール、チベット側それぞれＡＢＣ（約六三〇〇メートル〜六五〇〇メートル）の高度に滞在することで順応を終了し、アタックに出る登山隊も見受けられるようになった。極力、体力を温存し、行動によるリスクを減らす合理的な滞在型の順応方法だ。簡単に言うと、順応のためにあまり行動し過ぎるとくたびれてアタックできなくなる、あるいは体力を維持できないから、消耗する前に登ってしまおうという考え方だ。そのような理由か、あるいは時間的な制約からか、短期間の順応で頂上に向かうケースも見られるようになってきた。

しかし、そういった考え方は少々抵抗があって素直に受け入れられず、僕は時間をかけた従来の積極的な往復行動による順応方法を採用している。自分がそのようなプログラムで登ったことがないので、自信を持って「その程度の順応方法で大丈夫だ」ということを断定できない。行動による多少のリスクは引き受けないと、もっと重要な場面でのリスクに対処できないのではないか、という不安がどうしても拭いきれないのである。

順応には個人差が大きく、いずれも年齢や体力、登山経験など、いろいろな要素を検討してタクティクスが組まれるべきではあるが、せっかく高額なお金をかけてヒマラヤまで行くのだから、山を楽しめるだけの体力を作ってからトライしたいと思っている。

ここでは酸素を使った一般的なエベレストの登り方を、自分の体験から高所順応計画に的を絞ってタクティクスとしてみた。

僕はエベレストに向かう前に、時間の都合さえつけば、十日間くらいの順応トレーニングを組み入れたいと考えている。初期の順応が遅い自分には、仕事上、撮影との兼ね合いもあって、多少先行して順応しておきたいと常に考えている。そうしないと、人を追いかけていくような取材の場合、順応できていない体では満足な撮影など到底できない。そんな理由もあって、できる限り事前の順応トレーニングを採用したいと思っている。海抜零メートルからやってくる日本人には、四〇〇〇メートル前後の高度は重要なポイントなので、ここに十分に慣れておくことは、これからの登山活動にプラスになるはずだ。特にチベット側に行く場合には、短期間で急激に高度が上がるために有効な方法だ。

トレーニング期間としては、二週間くらいを設定するのが望ましいだろう。それ以上長くなると、体力が回復するのに時間がかかってしまうので、本番前の順応活動としては比較的短めがいいと思っている。目標は四五〇〇メートルくらいに順応できればいいと考えている。たとえばゴーキョ・ピーク、カラパタール、ペリチェの裏山などがあげられる。後日、同じエベレスト街道をたどることを考えると、ゴサインクンド、トロン・パス、ヤラ・ピークあたりが手ごろで楽しいかと思う。

このプレ順応のいいところは、かりに体調を崩しても、カトマンズでゆっくり回復させることができるという点だ。初めて体験する初期の高度が、最初で最大のダメージを受ける高度と言われている。だから丁寧にやっておくことは、有効な順応方法だ。トレッキングを終えてカトマンズでのんびり過ごす時間は、リラックスできてとてもいい時間なのである。

国内においては高度を考えた場合、富士山がもっとも効果の上がるトレーニング場所だが、何日も滞在するには不便で、毎週通うにしても面倒な作業だ。最近では低酸素室で高所順応して現地入りし、時間短縮をする例も増えてきている。しかし、一番シンプルな順応方法は、現地の環境に慣れるという意味でも、余裕のあるスケジュールでの、ゆとりを持った順応トレーニングだと思っている。

カトマンズで準備を終え、いよいよ本番がスタートする。これから向かう道のりで、再び順応の状態を確認するようにして少しずつ高度を上げ、適度に上下運動を繰り返してうまくベースキャンプに入れれば、とりあえずＯＫだ。このくらい丁寧に順応すれば、たいていの場合うまくいくだろう。

エベレスト南東稜（ネパール側）のタクティクス

エクスペディションは本来ならば、ルート工作、キャンプ位置、キャンプ地の滞在人日数から割り出す装備や食料などの荷上げ量、それらの複雑なものを整理し理解するために、まずタクティクス表を作るところからスタートする。クライマーがどのような行動をするのか、あるいは休養のタイミングや日数をどうするのか、効率のよい理想的な動きを求めて、机上のグラフ書きが最初の基本作業となる。しかし、昨今のエベレストのノーマル・ルートでは、荷上げなどをシェルパに任せでおけばいいわけだから、自分の順応スケジュールだけを考えればよくなってきている。登山隊のなかには、シェルパに頼らず自分たちだけで登るチームもあるが、今やごく少数だ。

最終的な荷上げの数量や管理はリーダーに任されるが、隊員はできる限り自分のスケジュールを理解し、健康管理を徹底させればよい。そうしないと、何をしに来たのかわからなくなってしまう。簡単に言ってしまえば、体調管理さえできていれば、頂上に向かえるのである。

スケジュールの組み方は、実際ベースキャンプに入ってから大きく三回の登高を順応トレーニングにあてるという方法だ。

ベースキャンプ入りして、最低三日間は積極的な行動はしない。軽くぶらぶらする程度で十分だ。キャンプ設営や個人装備の整理、点検、そしてトレッキングの疲れを取るための休養。初期の五〇〇〇メートルラインは、荷物を動かしたりするだけでけっこうハードな順応運動になる。

アイスフォールは最低限の往復でとどめておきたい、と誰もが考えるだろう。セラック崩壊やクレバス転落など危険要素が多く、できることならほかの山ですべての順応を終えて、ベースキャンプに入ったら一気にアタックをかけるという方法も考えられるが、実際はなかなかそうもいかない。近くのロブチェ峰やアイランド・ピークなどの六〇〇〇メートル峰で順応して、アイスフォールの往復行動をなるべく減らすチームも見受けられるようになった。

最近では、比較的ルートがやさしくなってきているような気がするが、毎日どこかが崩壊して違うルートに変更されたりしているのだ。しかし、多くのクライマーやシェルパが往復している状況のわりには、たまたま運がいいのか、あるいはそれほどの高い確率で事故に遭うことはないのか、大事故につながった例は少ないように感じている。だが、その可能性は極めて高く、常に形状を変えて動いている氷河は、のんびり歩いていられない場所だということも確かだ。毎年、数件のアイスフォールの事故が発生しているのが現実だ。

ベースキャンプ開きで安全祈願を終えると、シェルパたちはいっせいに荷上げを開始する。アイスフォールがどんな状況なのか、最初の順応は六〇〇〇メートル前後まで登って、装備の点検や、足慣らしといったレベルの軽い登高にあてる。

二度目はC1（六〇五〇メートル）に一泊して、翌日、少し登ってから速やかにベースキャンプに下りる。三度目はC1に一泊、そしてC2に上がり二泊して下りる。

このアイスフォールであまりに時間のかかる人は、頂上への到達は不可能だ。このあたりの時間的な基準設定は必要だ。通常ならば、四時間前後でC1までたどり着くはずだ。

三日間の休養をとり、いよいよ最後の順応行動となる。この回が最もつらい行動となるはずだ。体のほうはだいぶ順応してきているので、ベースキャンプをスタートしたらC1には泊まらずC2（六四五〇メートル）にダイレクトに入る。翌日休養、あとは七〇〇〇メートル前後へ一～二回、調子がよければC3（七三〇〇メートル）を往復して、すべての順応トレーニングを終了する。

あとはアタックに向けて最も効果的な休養をとることがポイントだ。外国のチームなどは、C3に一泊滞在するようなプログラムを組んでいる例が多いように思うが、キャンプの設営や体の負担を考えれば往復ぐらいで十分な気がしている。

最近ではC2くらいで順応を終えて、アタックに出るケースも見受けられるようになってきた。しかし僕は、最低でも七〇〇〇メートル前後の高度を獲得することで順応を高めようと考えている。一回もしくは二回の七〇〇〇メートル往復、これはエベレストに登るためには必要な順応行動と思っている。順応のできていない体は、最初の七〇〇〇メートルラインはイヤになるほどきつく感じるだろう。しかし、その運動は意味のあるもので、ムダな動きではないと思っている。このくらいの運動をしておくことが、八八四八メートルに対しての必要な行動だ。

一般的には酸素を使うことで登頂がかなうわけだが、順応不足を酸素で補おうという考え方はあまり賛成できない。七〇〇〇メートルくらいの高度を酸素なしで往復できない人は、エベレストをアタックするには、少々危険過ぎると考えてもいいと思う。

確かに、この七〇〇〇メートル台の往復運動なしでアタックをかけるというタクティクスは、実に魅力的だ。なにしろ体への負担は少ないし、体力も温存できる。そう考えれば、どんな人でも頂上を目指せる確率は高まるのである。ところが、そこに大きな落とし穴が潜んでいる。楽して登れるにこしたことはないが、その反面、大きなリスクを抱える可能性もあると理解しておくべきだろう。アタック時には、それまで体験していない未知の高度に突入するわけだから、温存された体に一挙に負荷が加わり、重大なミスに結びつくことが予測されるはずだ。ある程度の負荷を事前に体に記憶させておくことは、高所への準備運動ととらえていいと思う。

これから向かうルートを身近なものにしておくことは大切だ。繰り返し登下降をすることで動き方がうまくなり、ルートを理解できるようになってくる。学習効果が高まってくる運動だ。これはけっこうおもしろい。

また、自分の調子を確かめてみることも必要だが、同行者がいる場合にはその人が登れるだけの体力、技術など、登攀能力があるのかどうか、客観的に観察できる絶好の機会ととらえられる、ちょうどいい高度だ。七〇〇〇メートルの往復というのは、安全に登山活動ができるのかどうかを確認するために、ひとつの目安として有効な設定だと思う。

実際にアタックが始まったらそんなことをしている場合ではないし、どうしたら登れるのかを考えることで精一杯だ。落ち着いて観察できるのは、その前の段階だ。

サウス・コルからアタックをかけると、約十五時間以上ほとんど休むことなく歩き続けなければならない、と考えていい。もし、そんな長い時間を、たとえば酸素のたくさんある日本で行動したとしても、それだけで死んでしまう人がいたって不思議ではない。それほど苛酷な行動が待っている。

そう考えれば、七〇〇〇メートルくらいの高度を往復しておくことは、体にかかるダメージを事前に経験するチャンスと積極的に考えたい。そこでダメなような人は、頂上へのアタックはやめておいたほうがいい。それが僕の見解だ。頂上に向かうことは大切なことだが、そのときの状況に応じて、「登らない」という選択肢も考えのなかに入れておくことが必要だ。立場を変えて言えば、「登らせてあげる」ことも大切だが、必要ならば「登らせない」ことも同等に重要だ。そのポイントが七〇〇〇メートルだと思っている。

安全に登って帰ってくるということを考えるとき、何が優先して必要なのだろう。エクスペディションの始まる以前のトレーニングや余裕のある登山期間の設定、こういったものが最も重視されるべきだ。酸素に頼りきって突入すれば事故があっても不思議ではないし、言い訳もできない。

高度への順応は七〇〇〇メートルくらいまでは可能とされているが、それ以上の高さではかえって衰退につながるといわれている。もはや順応能力を超えており、衰退現象が始まるこの高度には、長く滞在してはいけないのである。

また長期滞在によって血液濃度が上がり、特に高齢者は赤血球の数が増えて血管が詰まりやすくなる可能性があるという。そのような考え方を基準とするなら、まだ体力の失われていない短期間の滞在でのアタックがよさそうだ。だからといって、順応不足を計画的に酸素で補うことには賛成できない。アタック前の試運転みたいなものだから、体力の温存にとらわれ過ぎたり、あまり消極的な順応方法ではこれから向かう八八四八メートルという高度に対して、どこまで対応できるのか少々怖い気がしている。

登る人の体力や年齢、時間の都合や登山経験といったものでタクティクスは変化するが、僕の考え方は、今まで確立されてきているオーソドックスな順応方法を基本としている。要するに、いたってノーマルな考え方だ。七〇〇〇メートルの高度を経験してから頂上に向かう。それが安全登山につながると思っている。これは昔からやっている方法だが、かつて荷上げやらルート工作やらで重い荷物を背負って何度も往復したことを考えれば、この程度の運動はそれほど省略しなくてもよさそうな気がしている。新しい方法をけっして否定するつもりはないし、ムダに苦しむ必要もないのだが、高所登山を考えたとき、従来から行なわれてきた往復行動は、けっこう的を射た順応方法ではないかと思う。

順応行動が終了したら、あとはアタックに向けて最も効果的な休養をとることが登頂成功につながっていく。疲れた体を回復させて、頂上に向かうエネルギーを補充しなくてはならない。そのためには、五三〇〇メートルのベースキャンプでゆっくり休んでもいいが、僕はたいてい四〇〇〇メートルラインまで下りて休養することにしている。酸素の少しでもたくさんあるところでのんびり休養することが、早い疲労回復につながるからだ。暖かくて開放的で、人や動物が住んでいて、そんな風景を眺めているだけでも十分休養できるはずだ。休養をとるために環境を変える、ということも目的がはっきりしてわかりやすい方法だと思う。積極的な休養のとり方は、工夫することでいろいろとアイデアが生まれるが、高所登山では、休養のとり方しだいで登頂を左右してしまうこともあるような気がしている。この期間に栄養を補充し、疲労を分解し、登頂への英気を養う。なんとも健康的で楽しい時間だ。四〜五日の休養期間を設けたい。

ベースキャンプに戻り、あとは天候しだいで、いつスタートするかを決定する。ここが難しいところだ。出発日を間違えると、途中で悪天候につかまり、苦労すること請け合いだ。最近では登頂日が五月後半にずれ込んできている。以前は五月前半に登頂されていたが、ここ数年、五月二十日前後に集中して登頂されるようになった。エベレストをよく観察すると、大きく二回のチャンスがあると思っている。五月の中旬と下旬である。したがって、最初の好天に登頂日を設定しておくと、何かの間違いでアタックに失敗しても、もう一度組み立て直すことのできるチャンスと余裕が残る。しかし、ほとんどの隊が最初の好天に集中するので、静かに登りたい人は、後半のチャンスに賭けるスケジュールを組んでみたらいいだろう。ほとんどの隊が登山活動を終了するなか、すぐそこまで迫りくるモンスーンとのすき間に、ほんの数日最高の好天が訪れる。そんなときに登頂できたらいいのだが……。なかなか勇気のいる選択だ。

一日目、ベースキャンプからダイレクトにC２（六四五〇メートル）、翌日C３（七三〇〇メートル）、三日目サウス・コル（七九八六メートル）、四日目登頂、五日目C２、六日目ベースキャンプ、というのが理想的なスケジュールだ。しかし、実際にやってみると、この行動は少々ハードだ。問題はサウス・コルの滞在時間だ。C３からサウス・コルに上がると、到着が午後になる。早いところシュラフに入って体を休めたいところだが、水を作ったり食事の準備などしていると、時間のたつのはあっという間だ。サウス・コルをスタートするのは、同日夜二十二時前後に設定しなければ、安全な時間に再び帰り着くことができない。したがって二十時には起きて、出発の準備を始めなければならないので、休む時間が極めて少ないのだ。考えようによっては、二日間ほとんど休みなしで行動するというに等しい。この点は、酸素があるとかないとかいう以前の問題だ。

しかし、たいていの登山隊はそうやって登っている。そこで、高所に長くいるのはあまりいいことではないが、サウス・コルに上がった翌日は休養日に当ててしまうというのが、実際やってみると楽な行動だった。計画的に八〇〇〇メートルでの休養を組み入れることで、疲労を回復させる。八〇〇〇メートルで疲労回復を図るという考え方は少々無理があるが、酸素を有効に使うことで可能にさせる方法だ。荷上げや酸素の数量さえ解決できれば、あわただしくサウス・コルをスタートしなくていいし、余裕で登頂して下りてくれば、その日のうちにC2まで下降することも可能なのだ。

二〇〇四年のときは、そうした考えで八〇〇〇メートルでの滞在を組み込み、サウス・コルでのんびりしてから登頂した。実にストレスのない行動だった。このときはベースキャンプからC2に上がり、翌日休養に当てている。感覚的には連続で毎日行動するより、C2、サウス・コルでそれぞれ一日休養といったタクティクスのほうが、楽な方法のような気がした。時として、テントで生活するだけでも恐ろしくなるほどの風が吹きつけることもあるが、天候さえ安定しているならば、サウス・コルで過ごす一日は最高の贅沢と言ってもいいだろう。一生に一度できるかどうかの、優雅な八〇〇〇メートル・キャンプといったところだ。

二十二時前後、頂上を目指すクライマーたちが次々とサウス・コルをスタートする。快晴無風であれば問題ないが、強風や悪天候のときは出発するかどうか、その判断が登頂を大きく左右する。アタックのチャンスは一回きりなのだ。酸素は四リットル・シリンダー二本あれば、通常ならば十分のはずだ。三リットル・シリンダー二本の場合、毎分二リットル使用すると、登高スピードが遅かったり、何かのアクシデントで長時間の高所滞在を余儀なくされた場合、帰りになくなる可能性がある。計算どおりにいかないことを計画段階で計算に入れておくべきだ。

暗闇のなかにヘッドランプの明かりがつながって、少しずつ頂上に向かっていく。徐々に傾斜がきつくなり、フィックスロープを頼っての登高が延々と続く。八五〇〇メートル付近で稜線に飛び出ると、やっとひと息できる場所だ。バルコニーと呼ばれているこのあたりで、たいてい夜明けを迎える。この稜線は南峰に近づくにつれ傾斜が増し、雪のつき方によっては緊張する登りだ。南峰に着くと、ほとんどのクライマーはため息をつく。恐ろしく切り立った稜線と、頂上までの距離に絶望的な不安を抱くのだ。ここから先に進んだら、もう二度と戻れないのではないかという不安のなかで覚悟を決める場所だ。南峰から約二時間、途中、ヒラリー・ステップの岩場を苦労して越えれば、もうあとは真っ白いエベレストの頂上へと稜線が続いているだけだ。

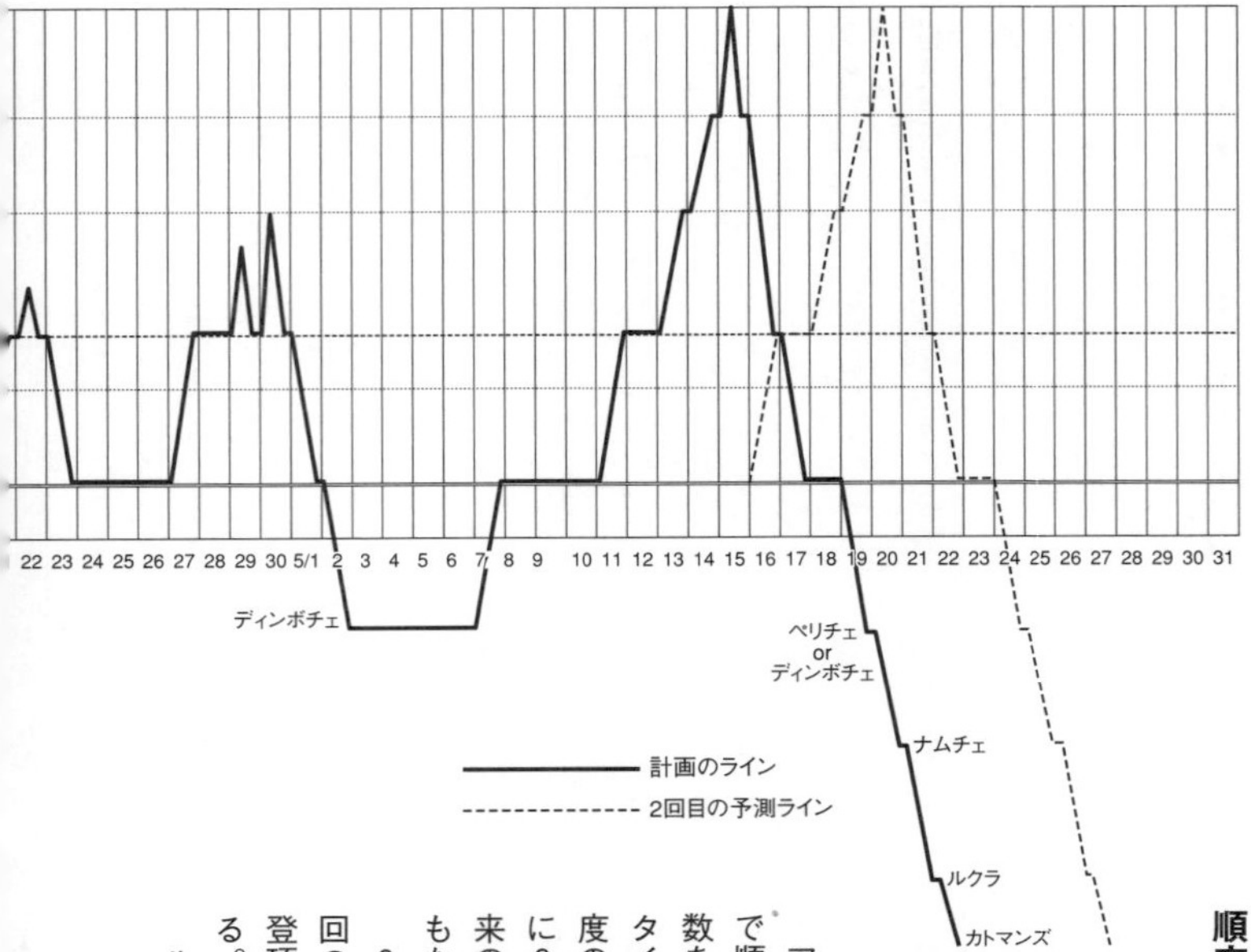

順応後の積極的な休養

ところどころ順応トレーニングをしながら、約10日間かけてベースキャンプに入る。大きく3回の順応運動を終了したら、体力の回復を図るために一旦ベースキャンプを離れて高度を下げ、4200メートル前後の村で積極的な休養をとる計画だ。

アイスフォールの危険性を考えて別の地域で順応し、ベースキャンプとC1間の往復回数を減らす方法もあるが、ここでは通常のスタイルを採用する。基本的な考え方は、新高度のキャンプに泊まるときは、その前にそこに2回往復してから滞在する、というのが従来の考え方だが、すべてが当てはまるものでもない。それに近い方法は検討すべきだ。

3回目の順応ステージで、1回もしくは2回の7000メートル台往復が終了すれば、登頂への順応トレーニングはすべて終了とする。

ルート工作や荷上げなどを行なう8000

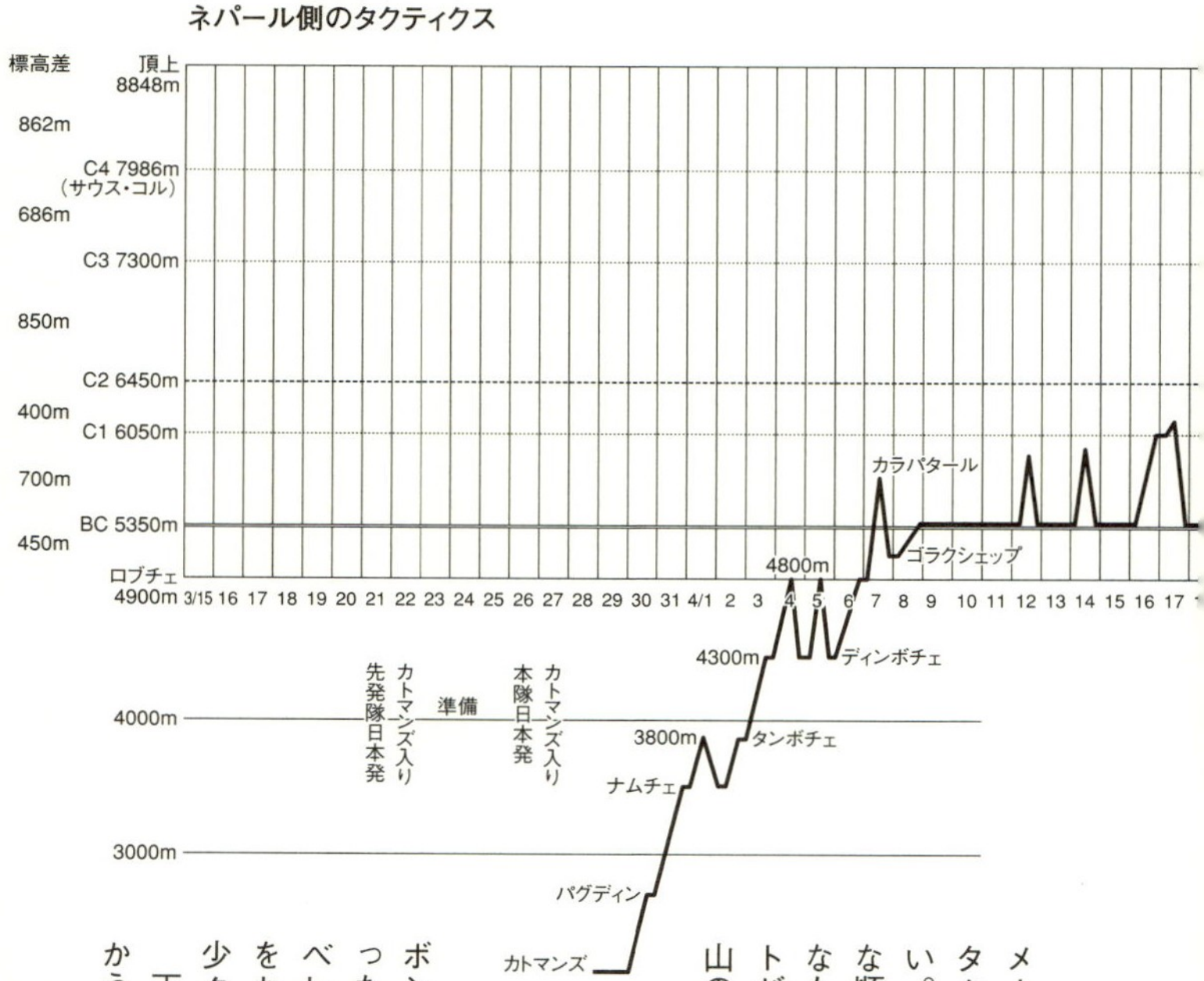

メートル級の登山に比べれば、エベレストのタクティクスは往復行動や行動日程が少ない。これはシェルパのサポートがあって可能な順応行動だが、行動自体はそれほどハードなものではない。この程度の行動でエベレストが登れてしまうと思うと、けっこう楽な登山のような気がするが、長期間の体調管理が重要なポイントとなるだろう。健康を維持しながらうまく順応行動を完了できれば、あとは頂上へ向かうだけだ。

　現在は、データが増えることによって登り方の研究が進み、装備の発達や酸素ボンベの進化によって飛躍的に登頂率が上がった。酸素を使うことによって多くの人がエベレストに登ることが可能となったが、順応をおろそかにして、酸素に頼りすぎるのは少々危険だ。

　丁寧な順応スケジュールを組んで頂上に向かうことが安全登山につながっていく。

チョモランマ北東稜（チベット側）のタクティクス

ネパール側との大きな違いは、ベースキャンプ（五一〇〇メートル）までのアプローチに車が利用できるという点だ。輸送手段は楽になるが、短時間で急激に高度が上がるため、身体的なダメージを受けやすい。したがって、計画的に順応場所やその方法を検討しておくことが大切だ。ネパール側で四〇〇〇メートル前後の順応トレーニングをすませておくと、比較的スムーズにベースキャンプに入ることができる。この初期の順応は最も重要なポイントなので、丁寧な考え方が必要だ。うっかりすると、ベースキャンプにたどり着く前に調子を崩すこともある。

また、チベット側はアイスフォールのような厄介な場所がないため、ＡＢＣ（アドバンス・ベースキャンプ、前進ベースキャンプ）まで簡単に行ける。輸送はヤクを使うため、荷上げ管理だけ気をつけておけば、簡単に六四五〇メートルに達することができるが、高所順応という点では、高度が上がらないため距離を稼がないと苦労する環境でもある。

チョモランマは最終キャンプが八二〇〇メートルという高い位置にあり、そこから頂上までの距離が比較的長いため、高所に滞在する時間が長くなるという点もネパール側とは違う部分だ。

だいたいタクティクスは、どこの山に行ってもそれほど変わるものではない。重要なことは、いつまでも高いところに滞在してはいけないということだ。未踏のルートや極端に難しいルートを選ぶ場合はハードで複雑な行動を要求されるが、チョモランマのノーマル・ルートをシェルパの助けを借りて登る場合は、順応のための単純な往復行動に終始する。

チベット側でもネパール側と同様、大きく三回の登降を順応トレーニングにあてる。ゆるやかな氷河歩きで六五〇〇メートルのＡＢＣまで往復できるので、危険度はネパール側に比べて低い。最初の順応は、二日かけて約六〇〇〇メートルで滞在し、六五〇〇メートルのＡＢＣを往復する。二度目は、ＡＢＣ（六五〇〇メートル）に三〜四泊して、余裕があればノース・コル（七〇〇〇メートル）を往復し、速やかにベースキャンプに下りる。三日間休養して、三度目の順応。Ｃ２に一泊、そしてＡＢＣ、ノース・コルに上がり、調子がよければ七五〇〇メートルあたりまで往復して、すべての順応行動を終わらせる。あとはアタックに向けて、ベストな体の状態を作るために十分休養をとることがポイントだ。チベット側のベースキャンプでゆっくり過ごすのも悪くないが、車の手配や費用さえ工面できるのなら、シガール（四三〇〇メートル）に下りることも一案だ。シガツェやカトマンズまで休養のために下りたクライマーたちもいるが、積極的な休養方法はいろいろと試してみるとおもしろいだろう。

ベースキャンプに戻って、いよいよ最終ステージとなる。天候を見計らって出発日を決定するが、チベット側では最終的にABCに上がって登頂日の調整をする。

一日目、ベースキャンプからダイレクトにABC（六五〇〇メートル）、翌日は休養日に当てる。三日目ノース・コル（七〇二八メートル）、四日目C5（七八〇〇メートル）、五日目C6（八二〇〇メートル）、七日目登頂、というのが登頂のスケジュールだ。順応ができていると、あれほど苦しかった東ロンブク氷河の歩行が、たった一日でABCまでたどり着くことができるようになる。

ABCで登頂日の最終確認をする。限られた燃料、食料、酸素など荷上げの関係上、ここから先は途中で停滞できないと考えたほうがいいだろう。

ノース・コルへは約五時間もあれば十分到達できる距離だ。傾斜三十度ほどの雪壁をフィックスロープに導かれて登れば、午前中にはキャンプでのんびりできるはずだ。

翌日、ノース・コルからC5への長い登りが始まる。第一の難関ともいえる区間だ。ここはたいした斜面ではないが、徐々に傾斜が増し、七五〇〇メートルあたりから岩稜に変わる。問題はすさまじい風に体力を奪われることだ。北壁側からの強風に吹きつけられて行動をしなければならず、相当体力を消耗させられる場所だ。通常だとこの高度ではまだ酸素を使わないので、ただじっと風に耐えて、ゆっくり登る作業に終始する。風さえなければどうということはないのだが、そう簡単にいかないのが、八〇〇〇メートル級の山登りなのかもしれない。

七八〇〇メートルあたりの狭い場所にむりやりテントを張り、風で飛ばされないようにロープでしっかりと固定すればＣ５の完成だ。ここからは睡眠に酸素を使えるので、それまで眠れなかった夜がうそのように感じるだろう。酸素さえ使えば、高所のほうが楽だというのが高所登山のおもしろい点だ。ここから先は、一般的に行動中も酸素を使用する。

Ｃ６へは岩稜を直上し、右側に回りこむとスケールの大きな斜面に出る。頭上に広がるイエローバンドを目指してひたすら直登すると、比較的緩い傾斜のＣ６（八二〇〇メートル）にたどり着く。ここが最終キャンプだ。硬い雪の斜面をむりやり削って整地をしないとテントが張れない場所だ。ここでの雪かき作業は、目まいがするほどハードな運動だ。これも高所登山に要求される儀式と思って、なんとか楽しみたい。

午前零時前後、最終キャンプをスタートする。四リットル・シリンダー二本、というのが安心できる酸素量だ。イエローバンド層は真っ暗闇の登高となる。第一ステップ、第二ステップの岩場を越えると、三角雪田に到達する。雪の状態が悪いときは苦労する場所だ。三角雪田を抜けてからは、そのままダイレクトに稜線をたどらず、北壁上部をトラバースすると、比較的簡単に頂上付近の稜線に飛び出すことができる。あとは雪稜を慎重にたどっていけば、チョモランマの山頂だ。

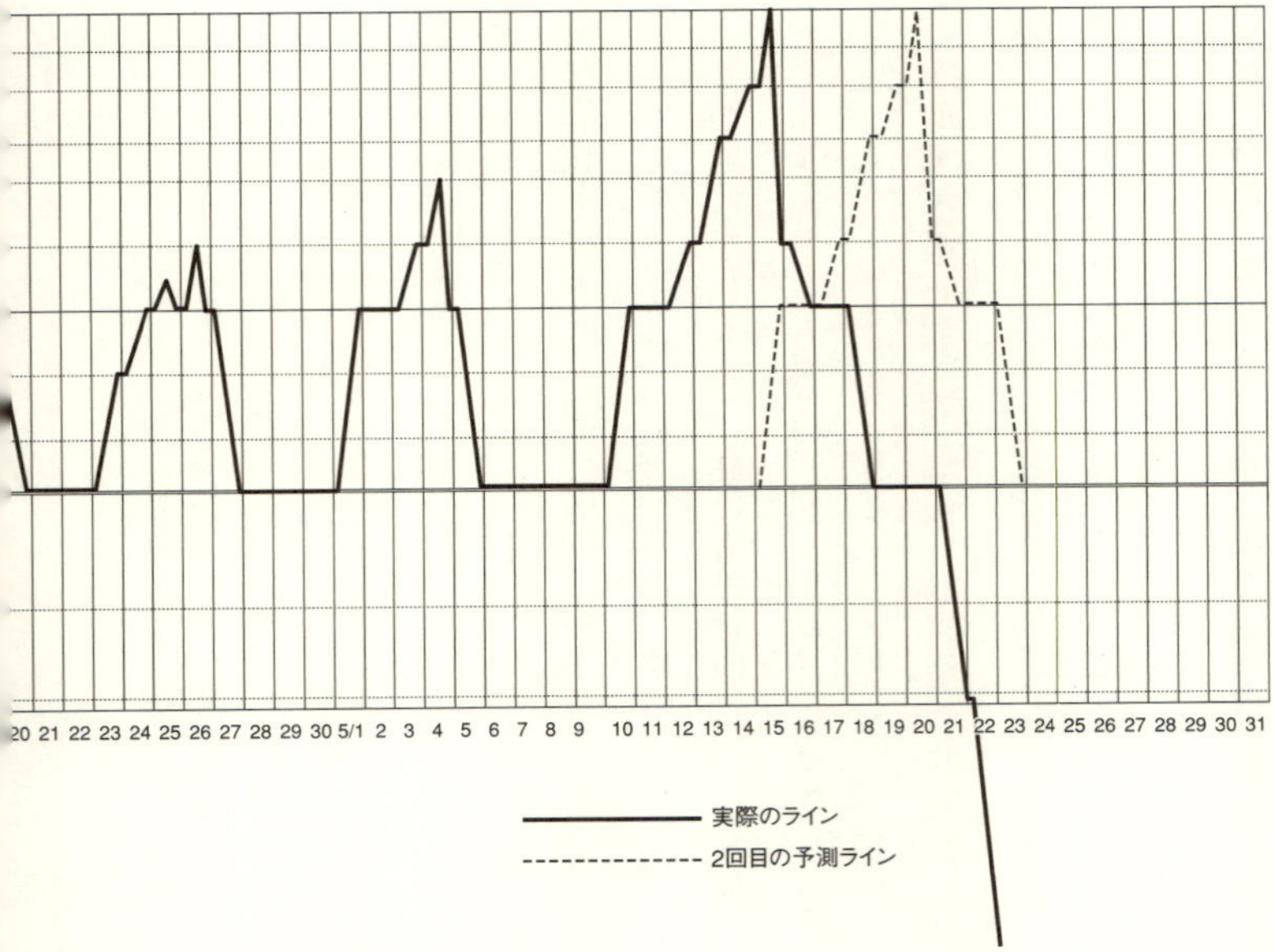

ネパール側での順応トレーニングがポイント

チベット側の登山の場合、ネパール側で5000メートルぐらいまで順応トレーニングをしておくと、スムーズにベースキャンプに入ることが可能だ。約2週間という期間が必要となるが、このトレーニングができない場合はニエラム（3600メートル）で最低2日間、4800メートル前後の順応トレーニングが必要だ。シガール（4300メートル）に移動して、ここで2日間、5000メートルぐらいのピークを往復してからベースキャンプに入りたい。

カトマンズからラサを経由して入る場合はラサ（3800メートル）、シガツェ（3900メートル）、シガール（4300メートル）で適当に高所順応してからベースキャンプ入りとなる。このルートのよいところは、ラサに立ち寄ることで、チベットの文化と接することができて、見聞が広まるといった楽しみが加

チベット側のタクティクス

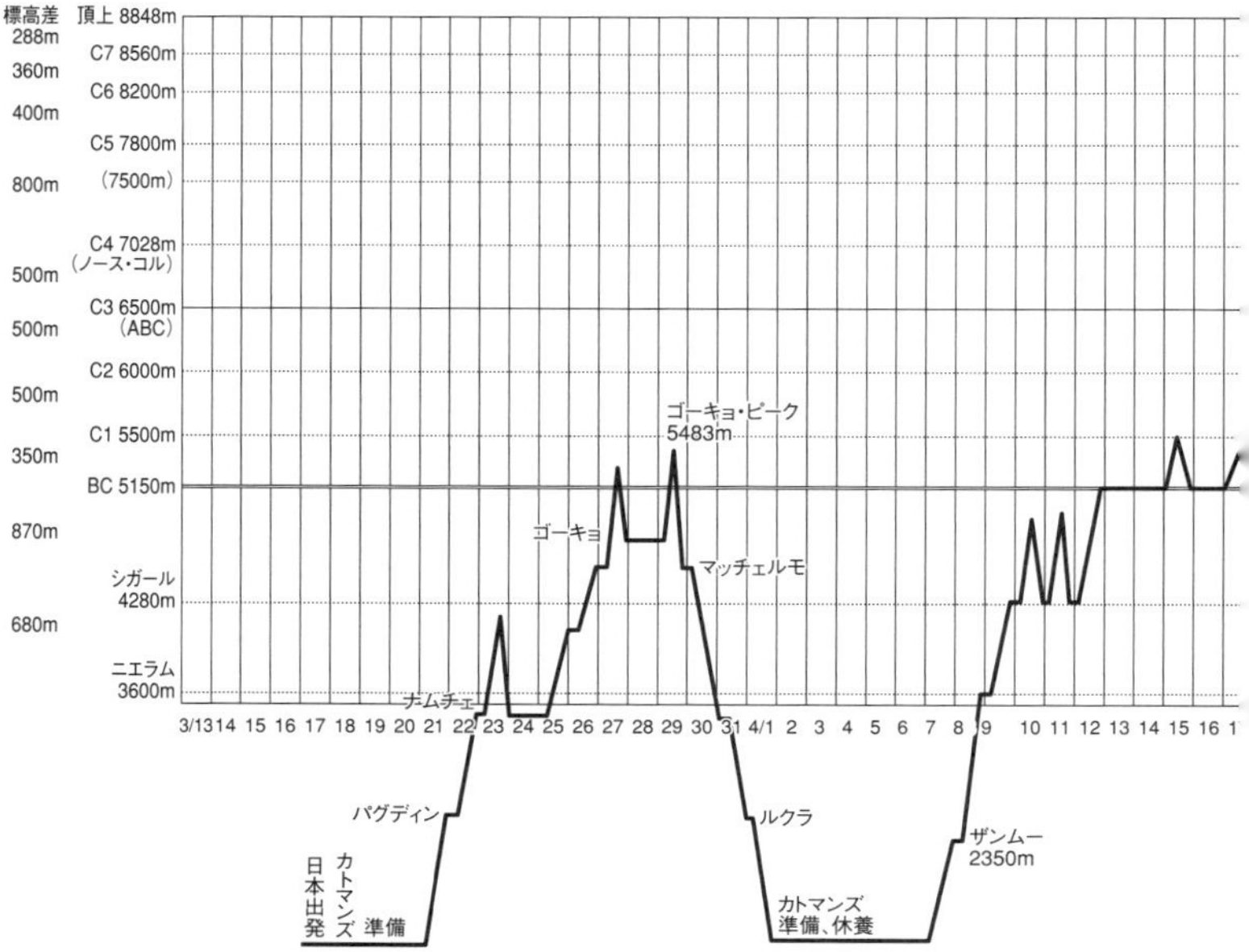

わる。ラサのお寺を見物することが初期の順応運動なので、3日間ぐらいはのんびり過ごしたい。

　ベースキャンプからは、大きく3つの順応ステージを経てアタックとなる。1回目はABC（6500メートル）に到達して戻る。2回目はノース・コル（7028メートル）往復、3回目はノース・コルに1泊、7500メートルぐらいまで往復して順応運動を終了する。そのぐらいの運動で十分だと思う。

　最終ステージは、登頂日をいつに決定するか、天候予測との兼ね合いでベースキャンプをスタートする日が決まってくる。順応できた体なら、ベースキャンプからABCまでダイレクトに入ることはそれほど大変な作業ではない。例年、春のシーズンならば5月15日から25日前後、秋ならば10月1日から10日前後が天候の安定する期間だ。

僕たちは普段、酸素のことなど意識して生活していない。普通にあるものだと思っている。ところが、高所に行くとその逆だ。酸素がないことが普通で、意識は常に目に見えもしない透明のなかに向かっている。

エベレストが、ヒマラヤの八〇〇〇メートル峰十四座のなかで決定的に違う点は標高だ。低いほうの八〇〇〇メートル峰に比べてキャンプ数がひとつ多くなる計算だ。それは酸素の少ないところに滞在する時間が長いということだ。エベレストは最も酸素の少ないところに聳える山なのだ。この酸素とどう付き合っていくか、というのがエベレストにおける課題だ。どうしたらそんなところに行けるのか——。

八八四八メートルという数字を見るとき、あまり物事を省略してはいけないと思っている。楽に登れれば、それにこしたことはないが、楽して登ろうとすることには問題があるような気がしている。高所順応の重要性は、誰もが認める必要な過程だが、その方法は体力や個人差との兼ね合いが大きい。高所衰退による体力の喪失は避けなければならないが、体力を維持するための十分な食料計画、行動を補うための積極的な休養といったものが計画的にプログラムされることが求められている。うまく工夫することで体調を管理し、良好な健康状態を保つことが長期登山の基本となる。

順応と衰退の問題、あるいは順応をすることで赤血球が増え、酸素の運搬能力が高まるが、同時に血管が詰まりやすくなるという悩ましい問題。高所登山には、適度な行動と休養のバランスが必要となる。年齢はタクティクスを考える上で重要なポイントだが、体力は安全登山を決定する最大の要素だ。すべてはそこにある、と言ってもいいだろう。

トレーニングをおろそかにしてヒマラヤに行くということは、スポーツにたとえれば、練習をしないでオリンピックに出るに等しいと考えていいだろう。試合では負けることはあっても死ぬことはめったにないが、ヒマラヤではあっという間に致命的な状況に陥ることがある。それほど体に負担のかかる、ハードな運動を強いられる場所だということを認識しておくべきだ。やるべきことをやってヒマラヤに向かうという姿勢は、山登りを楽しむための根本的な部分だが、同時にそのことが自分の身を守ることに直結していく。出国前に、チームなら責任を果たすという意味でも、一番重要なことは、仕事はサボってもトレーニングだけはサボらないということを理解すべきだ。山登りにはそれだけの価値がある。だから真面目にトレーニングをして挑む。簡単なことだと思う。基礎があっての順応であり、登頂して無事に帰ってくる鍵は、そこにあると言ってもいいだろう。

今や、エベレストは大衆化して特定の登山家だけの場ではなくなった。しかし、依然として自然環境の厳しさは存在するわけだから、あまりナメてはかかれないと思う。決定的な問題は、そこに酸素がないという事実だ。それがどういうことなのか。まったくないわけではないが、その場所では長く生存できないということは周知のとおりだ。そんな異常環境のなかに、自らの意思で踏み込んでいくのだから、考えようによっては「どうかしてる」と言われても不思議ではない。この本に登場している人たちが「どうかしてる」のかどうかは別として……。

頂上を目指すクライマーたちは「登れるだろうか」という、わずかな点でエベレストとつながっている。

もしも人間と地球が深いところでつながっているとするなら、世界最高峰八八四八メートルという標高は、「人間が到達するのに不可能ではないが、相当な困難を要する」といった課題として設定された必然的な数字だったのではないか。「登れるだろうか」という憧れと恐れに対して、格好の対象として絶妙の高さで聳え立っている。

インド亜大陸がユーラシア大陸に衝突して誕生したヒマラヤ山脈。エベレストの頂上はかつて海だったという。それが気の遠くなるような時間をかけて、今の高さになったのだ。その山にようやく人類は到達したばかりなのだ。その場所に行くまでに、一体どれだけの時間が必要だったのだろうか。

その空と溶け合うような一点に向かって、重ねてきた準備が実を結ぶとき、挑戦者は頂上で美しい光のなかに包まれる。しかし、決してそこが終着点ではない。ほんの一瞬の出来事なのだ。運よくたどり着けた者はよかったが、途中で倒れて動けなくなった者もいる。地球最高所が、人類に対して提示した極めて到達困難な場所であるとすれば、では、どうしたらその頂上に立つことができ、どうしたら安全に帰ってこられるのか。あるいは何が欠けたら登れないのか。無念のうちに息絶えた者は、一体何が問題だったのか。高所の世界では未解明なものも多いと聞く。そんなところに楽して登れるわけがないのである。

案外、素朴な感想を僕は持っている。体力のある人だけがそこに行けばいい、と――。なにしろそこは、人間がようやくたどり着くことのできる極限の場所だから……。

あとがき

この本は、それぞれのエベレスト登山隊でご一緒させていただいたときの同行記です。行動をともにして、実際に見てきたものや感じたことを素直に描くことで、世界最高峰の姿が見えてくればよいと思っています。どうしたらエベレストの頂上にたどり着けるのか。安全に帰ってくるためには何が必要なのか。そんなことをずっと考えてきました。多くの人が頂上を目指せるようになった現在でも、その場所が苛酷な環境であることは変わりません。限りなく青い空に向かって、高みを目指していく挑戦者たちの安全を願うばかりです。

この春、再びエベレストと関わることになりました。世界の地域を代表して聳える名峰を紹介する番組、NHK世界の名峰「グレートサミッツ」。この番組のお手伝いで取材班に加わることになりました。このシリーズのなかでは、マッキンリー、マッターホルン、アイガーを撮影してきましたが、エベレストは少々やっかいな山だと感じています。登ること自体はそれほど難しいことではありませんが、ハイビジョン・カメラを頂上に上げ、高画質の映像を届けようとする試みには、いくつかの困難が予想されます。重い機材を何日もかけてようやく世界で一番高い場所に運び上げ、運よくカメラを構えることができたとしても、そのとき天気がよいとは限らないのです。この番組に必要なものは、地球最高所からの絶景です。しかも相当数のクライマーが同日頂上を目指すと思われますので、イメージした撮影ができるかどうか予測が立ちません。頂上に滞在できるわずかな時間のなかで撮影を完了させなければならない、発狂しそうな作業が待っているのです。局のディレクター、カメラマン三名、それに社外の僕を加えた五名がベースキャンプより上部で登山活動を展開し、新しい映像を求めて高所撮影を試みます。果たして「ＮＨＫの場合」はどうなるのか。うまくいくことを祈り、最善をつくすのみです。

最後になりましたが、この本が完成したのは奇跡的なことでした。自分の能力に絶望し、書いている途中で投げ出そうとした回数は数え切れないほどでした。時に行方をくらまし、引き受けておきながら逃げ回るという信じられない行動を繰り返し、六年もの歳月を費やしてとうとう完成しました。そんなヤツを相手に、世の中にはすごい人がいるものです。長い期間にわたり、温かく指導していただいた神長幹雄さんには心から感謝するしだいです。そして、刊行する機会を与えてくれた山と溪谷社に厚くお礼申し上げます。

村口徳行

二〇一一年三月

村口徳行　主要作品

1978年　アラスカ、マーカスベーカー峰登頂 8mmフィルム（自主制作）
1984年　『飛んだ！登った！ 8000m 冒険野郎氷壁に舞う』カンチェンジュンガ取材（日本テレビ）
1985年　『三浦雄一郎 世界七大陸を滑る』アコンカグア取材登頂（札幌テレビ）
1986年　ヒマルチュリ南稜初登攀 8mmフィルム（自主制作）
1987年　『アンデスを越えた日本人――アマゾン源流を下る』（TBS「地球浪漫」）
『チョモランマ大紀行――防大山岳会隊同行記』チョモランマ西稜（日本テレビ日曜スペシャル）
1988年　『チョモランマがそこにある』チョモランマ北稜取材（日本テレビ 35周年記念特別番組）
『遥かなる秘境西域6000キロ大探検』（TBS「新世界紀行」4週連続）
1989年　『アフリカ幻の秀峰登頂――キリマンジャロ大飛行とナイル源流を求めて』（テレビ朝日）
『これがグレートヒマラヤだ』マナスル、ヒマラヤを越えるツル取材（日本テレビ）
1990年　『熱気球エベレスト越え』（TBS）
1991年　『謎の西南シルクロードを行く』四川省、雲南省取材（TBS「新世界紀行」）
『ネパール大密林と不思議議部族』（TBS「新世界紀行」）
1993年　『女性は太陽だ――アジア深奥に失われた古代日本を求めて』（TBS「新世界紀行」）
『雪炎！星と語る男たち――富士山頂551日』（静岡朝日テレビ15周年記念番組）
1994年　『チベット大河紀行――伝説と祈りの源流へ』カイラス取材（NHK正月特番）
『日本百名山』（NHK）
1995年　『チョモランマ遥か――8848m未踏ルートへの挑戦』チョモランマ北東稜（NHKスペシャル）
『ツルがヒマラヤを越えた――謎のルート5000キロを追う』マナスル取材（NHK正月特番）
『花の百名山』（NHK）
1996年　『ヒマラヤ5000年“時空の花園”』（テレビ朝日ネイチャリングスペシャル）
『野鳥百景』（NHK）
1997年　『成層圏にそびえる世界一高い山　エベレスト8848m』エベレスト南東稜取材　（VP）
『なぜ山に登るのか“そこにゴミがあるから”』（TBS「素敵な宇宙船地球号」）
1998年　『チョモランマの渚――地球最高所に幻の海を見た』（テレビ朝日ネイチャリングスペシャル）
『夢　時を越えて――大カラコルム　シルバーたちの挑戦』（NHKスペシャル）
『幻想チョモランマ』エベレスト南東稜取材（毎日放送）
1999年　『青く透明な大地　可可西里』厳冬期東カンツァーリ峰初登頂（テレビ東京35周年）
『中高年登山学』（NHK教育「趣味悠々」）
2000年　野口健 第１次チョモランマ清掃登山活動　チョモランマ取材
『北朝鮮　白頭山』（NHKスペシャル）
『風雪の聖地アンデス縦断4000キロ』アコンカグア取材（テレビ朝日ネイチャリングスペシャル）
2001年　野口健 第２次チョモランマ清掃登山活動　チョモランマ取材
『長江紀行』長江源流域取材（VP）
2002年　野口健 サガルマータ清掃登山活動 エベレスト取材
2003年　『三浦雄一郎70歳の挑戦、エベレスト登頂の記録』エベレスト南東稜取材登頂（ＢＳ朝日）
「羽黒修験 秋の峰」記録撮影
2004年　「空にいちばん近い山」エベレスト/ ローツェ登頂　記録撮影
2006年　三浦雄一郎シシャパンマ登山隊　記録撮影 / スチール撮影
『日本の名峰』（NHK）
2008年　『三浦雄一郎75歳　世界最高峰エベレストに挑む』（日本テレビ開局55年記念番組）
2009年　『白い魔境　冬富士』（NHK「ワンダー×ワンダー」）
世界の名峰 グレートサミッツ『マッキンリー――極北の偉大なる山』（NHK）
2010年　『大氷壁に挑む』谷川岳一ノ倉沢滝沢第三スラブ（NHK「ワンダー×ワンダー」）
世界の名峰グレートサミッツ『アイガー』（NHK）

村口徳行（むらぐち・のりゆき）
1956年生まれ。日大山岳部OB、雪豹クラブ代表。フリーの映像カメラマン。1978年のアラスカ、マーカスベーカー登頂を8ミリフィルムで自主制作して以来、数々の登山隊、撮影隊に参加、多数の番組制作に携わる。主要な作品に『ツルがヒマラヤを越えた』『三浦雄一郎70歳の挑戦、エベレスト登頂の記録』NHKハイビジョン『日本の名峰』など多数。2004年、エベレスト・ローツェ登頂の実績で、読売新聞第54回日本スポーツ賞受賞。著書に『四度目のエベレスト』（小学館）がある。

エベレスト登頂請負い業

二〇一一年四月三十日　初版第一刷発行

著　者　村口徳行
発行人　川崎深雪
発行所　株式会社 山と溪谷社
郵便番号一〇一-〇〇七三
東京都千代田区九段北四-一-三　日本ビル八階
http://www.yamakei.co.jp/
■ご購入と商品に関する問合せ先
山と溪谷社カスタマーセンター
電話　〇三-五二七五-九〇六四
ファクス　〇三-五二七五-二四四三
■書店・取次様の問合せ先
山と溪谷社受注センター
電話　〇三-五二一三-六二七六
ファクス　〇三-五二一三-六〇九五

印刷・製本　大日本印刷株式会社

＊落丁本・乱丁本はお取り替えいたします。
＊定価はカバーに表示してあります。

Printed in Japan ISBN978-4-635-17169-4

ヤマケイ文庫

新編 単独行
加藤文太郎／著　●本体940円＋税

「不死身の加藤」と異名をとり、小説『孤高の人』の題材にもなっている加藤文太郎の山への思いが結実した不朽の名作。

新編 風雪のビヴァーク
松濤　明／著　●本体1000円＋税

壮絶な手記を残して風雪の槍ヶ岳北鎌尾根に逝った希代のアルピニスト、松濤明。彼が残した珠玉の紀行とエッセイを再編集。

ミニヤコンカ奇跡の生還
松田宏也／著　徳丸壮也／構成　●本体920円＋税

ミニヤコンカ登山中に悪天候に阻まれて遭難した著者が、19日間におよぶ苦闘の末に奇跡の生還を果たすまでを描いた感動の手記。

垂直の記憶　岩と雪の7章
山野井泰史／著　●本体880円＋税

『凍』のモデルとなった先鋭登山家が、衝撃的な生還を機に、自らのクライミングの半生を振り返り、難ルートから挑んだ高峰への思いを綴る。

残された山靴
佐瀬　稔／著　●本体880円＋税

植村直己、小西政継、加藤保男、長谷川恒男など志半ばで山に逝った登山家8人の最期を描いた渾身のレクイエム。著者最後の作品。

梅里雪山　十七人の友を探して
小林尚礼／著　●本体1100円＋税

中国の梅里雪山で17人が消息を絶つという、海外登山史上、最悪の事故が起きた。遺体捜索を通して知った「聖なる山」の真の姿を描く。

ナンガ・パルバート単独行
ラインホルト・メスナー／著　横川文雄／訳　●本体1000円＋税

ヒマラヤ登山の常識を覆す8000メートル峰完全単独登攀に成功したラインホルト・メスナーが、登攀のすべてと自己の内面を鋭く描いた代表作。